SUPER, PAPA !

Für Heldenkräfte braucht es keinen Umhang ...

... sondern nur diese 333 Knallerideen gegen Langeweile

INHALT

FALSCHE FINGER

DOPPELT GEMOPPELT

KOMPASS AM HANDGELENK

ZEICHENKOHLE SELBER MACHEN

DER VOLLE DURCHBLICK

STAND- & SCHLAGFEST

BALLONKRAN

BALLONS DURCHSTECHEN

KNOBELMEISTER

FLIESENLEGER

MÜNZGRIFF

BRÜCKENBAU

HOCHSTAPLER

RIESIGE BLASEN

KÜCHENSCHRECK

PAPIERMESSER

KRÄFTEMESSEN

DER TRAUM VOM FLIEGEN

DIE WELT IST VOLLER WUNDER!

Bei diesem romantischen Satz denken viele vielleicht als Erstes an technologisch-mediale Wunder: Smartphones, Tablets, Fernseher. Auch gut, aber – wer hätte das gedacht? – unsere Welt besteht aus weit mehr: Sie ist ein Ort zum Spielen, Basteln, Staunen, Forschen und Träumen. Zum Ausprobieren. Zum Lernen. Zum Wachsen!
Die rund 200 Seiten dieses Buches bieten einen Zugang zu dieser wörtlich wunder-vollen Welt für (jeder-)Mann und liefern Lösungen für ein ganz banales Problem: für die Suche nach der richtigen Beschäftigung für die lieben Kleinen.
Ich bin selbst stolzer Vater von zwei wunderbaren, aufgeweckten Kindern und liebe es, meine freie Zeit mit ihnen zu verbringen! Anregungen für gemeinsame Aktivitäten außerhalb der Norm sind für mich Gold wert. In diesem Sinne kann dieses Buch als Wegweiser dienen, um in allen Lebenslagen die passende Idee parat zu haben: ob in den eigenen vier Wänden oder draußen in der freien Natur, auf Reisen oder beim nächsten Familientreffen, beim Restaurantbesuch oder im Wartezimmer.
Viele der mehr als 333 Tipps sind wohlbekannt und dienen vor allem der gedank-lichen Auffrischung. Andere sind Neuland, das es zu erobern gilt! Rund die Hälfte entstammt meiner eigenen Kindheit und in der Regel kann ich mich noch lebhaft daran erinnern, wer sie mir wann und wo gezeigt hat.
Wer allerdings Antworten auf naturwissenschaftliche Fragen sucht, zum Beispiel „Papa, warum ist der Himmel blau?" oder „Mama, wie entsteht ein Regenbogen?", der wird enttäuscht. Dieses Buch erklärt schlicht und einfach, dass etwas passiert – nicht, wie. Wissbegierige Kinder sind angehalten nachzuforschen, zu hinterfragen und gemeinsam mit den Eltern, Geschwistern und Freunden das Erlebte besser zu verstehen. Und selbst die oberschlausten Super-Eltern, zu denen wir ja alle zählen, können noch eine Menge dazu lernen!

So, genug gefaselt: Umblättern, anfangen, krachen lassen! Mit der Super-Lupe hinten im Buch könnt ihr übrigens noch ein paar weitere Tricks und Varianten aus dem Hut zaubern, die die Kids nicht so einfach nachlesen können. Und das Daumenkino unten rechts zeigt, wie ich die Langeweile immer schön auf Trab halte!

Viel Spaß!
Euer Thade

GRUNDAUSSTATTUNG
FÜR ALLE SUPER-PAPAS

Für fast alle Tricks und Späße in diesem Buch
benötigt ihr nichts weiter als

* euren eigenen **Körper**
* ein paar **Stifte**
* einen Stapel **Papier**
* eine **Schere**
* **Klebeband**
* ein paar Meter **Schnur**
* ein paar **Gummibänder**
* ein paar **Strohhalme**
* zwei **Tischtennisbälle**
* ein gutes Dutzend **Luftballons**
* eine volle **Streichholzschachtel**
* eine Hand voll **Münzen**
* ein paar **Gläser**
* eine leere **Flasche**
* **Leitungswasser**
* gewöhnliche Haushaltshelfer wie Trichter, Löffel,
  Zucker, Salz ...

Und schon kann's losgehen!

CHECK!

FALSCHE FINGER I

DAUER: ☆ **KNIFFLIG:** ☆☆☆

Bitte das Kind, seine Hände so zu halten wie hier gezeigt. Jetzt soll es die Fingerspitzen der Mittelfinger auseinander bewegen, ohne dass sich die Zeigefinger rühren. Eine vertrackte Aufgabe!

CHECK!

SCHAUKELFINGER

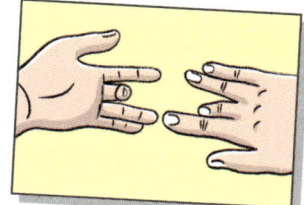

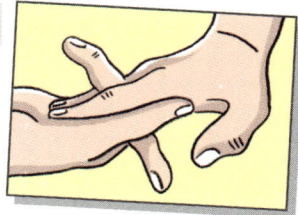

DAUER: ☆ **ÜBUNGSSACHE:** ☆☆☆

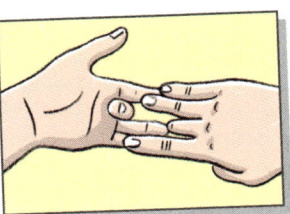

Stecke die Hände wie hier ineinander: Die linke Handfläche zeigt nach oben, die rechte nach unten, die Mittelfinger sind eingeknickt. Hände ineinanderschieben und mit den Zeigefingern wackeln. Sieht ulkig aus? Alles richtig gemacht!

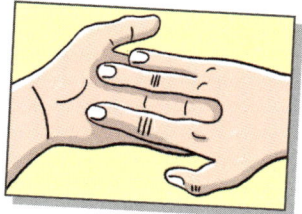

MEGA-TIPP

Erhöhe den Schwierigkeitsgrad,

CHECK!

GUMMIFINGER

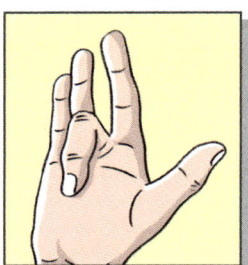

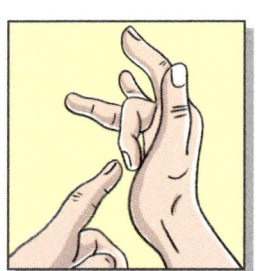

DAUER: ☆ **AHA-EFFEKT:** ☆☆☆

Knicke den Mittelfinger der einen Hand wie hier nach unten in Richtung Handballen. Die übrigen Finger gestreckt halten – Zeigefinger und kleiner Finger stehen gerade nach oben, der Ringfinger senkrecht zur Handfläche. Wenn du jetzt mit dem Zeigefinger der anderen Hand gegen den Fingernagel bzw. die Kuppe des nach unten geknickten Mittelfingers klopfst (oder dein Kind dagegen klopfen lässt), wird sich dieser Teil des Fingers wie Gummi anfühlen und dementsprechend nachgeben.

UHH!

CHECK!

WURSTFINGER

DAUER: ☆ **EKLIG:** ☆☆

Wer glaubt, dass Wurstfinger nur ein Begriff für dicke Finger ist, der wird jetzt eines Besseren belehrt: Lass dein Kind seine Hände mit ausgestreckten Zeigefingern wie hier gezeigt rund 20 cm voneinander

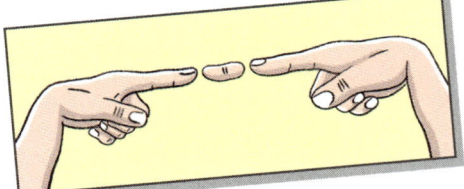

entfernt und 20 cm von seinen Augen entfernt halten. Dann soll es den Blick in die Ferne richten und die Zeigefinger langsam näher zusammenführen. Alsbald erscheint wie von Zauberhand ein kleiner Wurstfinger schwebend zwischen seinen Fingern!

DOPPELT GEMOPPELT

DAUER: ☆ **AHA-EFFEKT:** ☆☆☆☆

Lass dein Kind Zeige- und Mittelfinger überkreuzt halten und die Augen schließen, dann soll es mit den Fingerspitzen sanft an seiner Nasenspitze reiben. *Wie viele Nasen spürst du – eine oder zwei?* Noch beeindruckender ist der Effekt, wenn man mit den so gekreuzten Fingerspitzen eine kleine Murmel hin und her rollt.

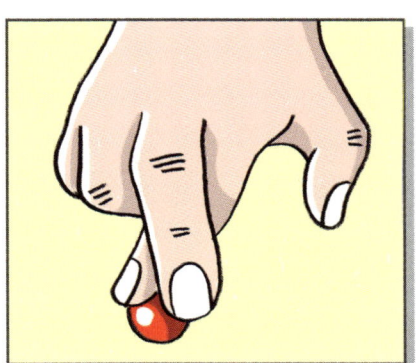

BALLONHÄNDE

DAUER: ☆ **AHA-EFFEKT:** ☆☆☆☆

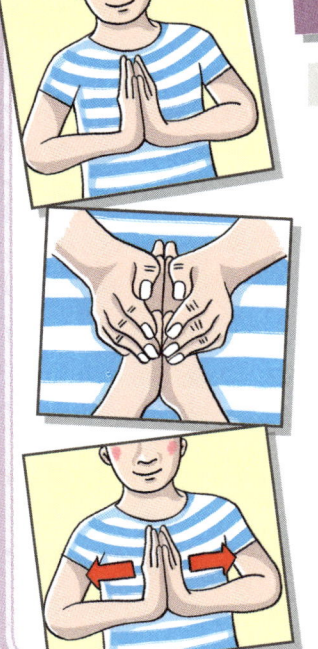

Bitte dein Kind, die Handflächen auf Brusthöhe gegeneinander zu legen, die Fingerspitzen nach oben zeigend. Jetzt drückst du die Kinderhände mit deinen Handflächen kräftig zusammen, während dein Kind die Hände kräftig dagegen – also nach außen – drückt. Haltet den Druck rund eine Minute aufrecht. Ja, eine Minute kann ganz schön lang sein! Wenn du anschließend deine Hände wegnimmst, wird dein Kind das Gefühl haben, dass sich eine Art geisterhafter Ballon zwischen seinen Händen aufbläht und die Handflächen nach außen drückt.

CHECK!

PHANTOMHAND

DAUER: ☆ **AHA-EFFEKT:** ☆☆☆☆

Bitte dein Kind, seine Handfläche gegen deine zu legen, Daumen auf Daumen. Wenn es jetzt mit Mittelfinger und Daumen der freien Hand eure zusammenstehenden Finger entlangstreicht, stellt sich ein gruseliger Effekt ein: Irgendwas ist irgendwie unvollständig ...

MEGA-TIPP

Der Effekt wird noch stärker, wenn ~~dein Kind dabei die Augen schließt~~

CHECK!

KÜSSENDE FINGER

DAUER: ☆ **ÜBUNGSSACHE:** ☆☆☆☆

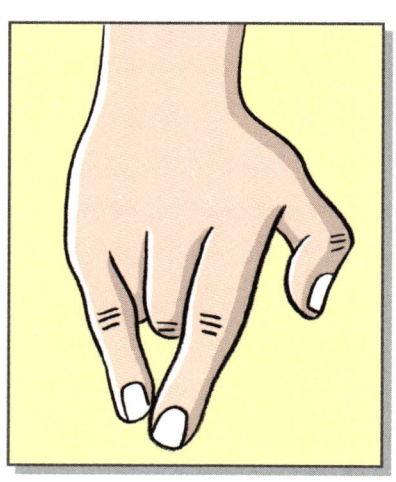

Der Zeigefinger und der kleine Finger einer Hand berühren sich im Grunde viel zu selten! Kann dein Kind die beiden Turteltäubchen ausgestreckt hinter dem Mittel- und Ringfinger zusammenführen? Natürlich ohne sie irgendwo aufzulegen und ohne die andere Hand zu Hilfe zu nehmen. Und wie sieht es mit einer Zusammenführung vor dem Mittel- und Ringfinger aus, so wie hier zu sehen? So viel sei verraten: Den meisten Leuten gelingt es nicht. Umso größer der Ansporn, zu denen zu gehören, die es schaffen!

BIS 1023 ZÄHLEN

DAUER: ★★☆ **ÜBUNGSSACHE:** ★☆☆☆☆

Wer kann mit den Fingern bis 10 zählen? *Für Babys*! Und wer bis 1000?! *Ähm ...* Die unten dargestellte binäre Zählmethode macht's möglich! Ballt eure Hände zu Fäusten und haltet sie nebeneinander, die Handflächen zu euch zeigend. Jedem Finger wird eine bestimmte Zahl zugeordnet.

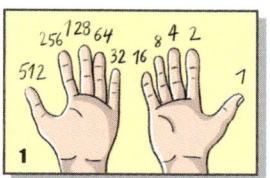
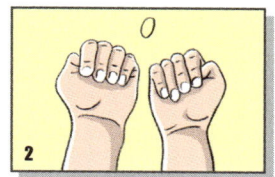
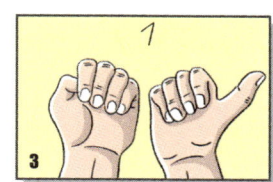

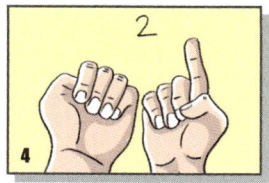
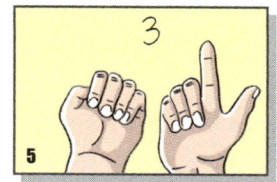
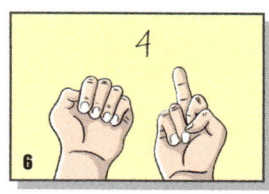

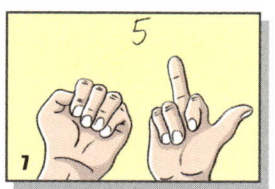
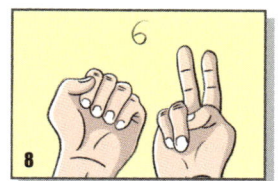
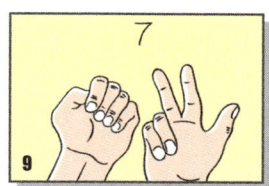

Der rechte Daumen ist 1, von dort geht es von rechts nach links weiter, wobei jeder weitere Finger den doppelten Wert des vorherigen hat. Der rechte Zeigefinger ist also 2, der rechte Mittelfinger 4, der rechte Ringfinger 8, usw. bis zum linken Daumen, 512. Um eine Zahl zwischen 1 und 1023 anzuzeigen, braucht ihr so nichts weiter zu tun, als die entsprechenden Finger auszustrecken, die in ihrer Summe die gewünschte Zahl ergeben. Klingt schwierig, macht aber enorm Spaß! Am besten übt ihr erst einmal an einer Hand (von 1 bis 31) – ihr werdet sehen, man hat den Dreh schnell raus. Achtet aber bitte darauf, wem ihr in welcher Situation „4" aufzeigt!

CHECK!

FLIEGENDER FINGERWECHSEL

DAUER: ☆ **ÜBUNGSSACHE:** ☆☆☆

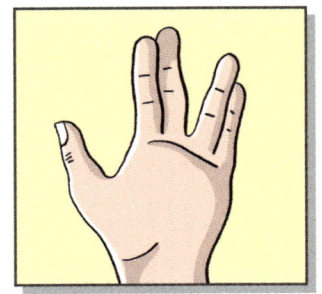 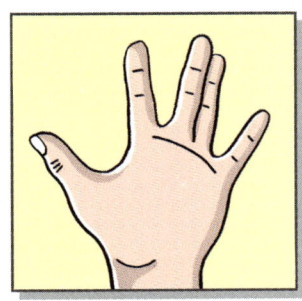

Zeit für eine kleine Lockerungsübung: Wie gut und schnell schaffen du und dein Kind es, die hier gezeigten Fingerstellungen in konstantem Wechsel zu vollführen? Übung macht bekanntlich den Meister!

CHECK!

GUMMIBANDPISTOLE

DAUER: ☆☆ **MIT VIELEN KINDERN:** ☆☆☆☆☆

Es gibt viele Möglichkeiten, ein Gummiband abzufeuern. Diese hier ist die beste, die mir bis dato untergekommen ist: schnell, cool, äußerst zielgenau. Gib den Kindern je ein Gummiband, klemmt das Gummiband um die Fingerspitze des kleinen Fingers und formt mit der Hand eine Pistole. Dabei wird das Gummiband festgeklemmt. Mit der anderen Hand spannt ihr es nun wie hier gezeigt um den Daumen herum auf die Seite des Handrückens und von dort weiter auf die Fingerkuppe eures ausgestreckten Zeigefingers. Die Waffe ist jetzt geladen. Um den Abzug zu betätigen, müsst

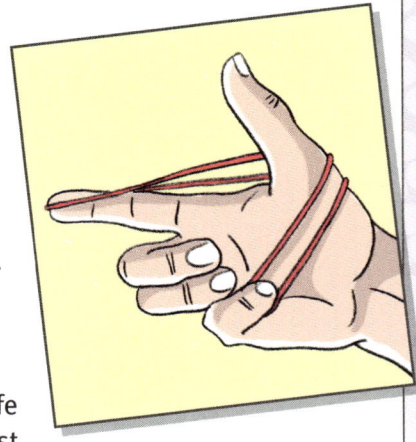

ihr den kleinen Finger leicht lockern, sodass sich das Gummiband von der Fingerspitze abrollt. Es schnellt um den Daumen herum und feuert exakt in die Richtung, in die euer Zeigefinger gerichtet ist. *Na, wer hat ins Ziel getroffen?*

DAS LÄCHELN ABSCHMIEREN

CHECK!

DAUER: ☆ **ÜBUNGSSACHE:** ☆☆☆

So banal es klingt: Sich im wörtlichen Sinne das Lächeln abzuschmieren, hilft erstaunlich gut, um kleine Kinder aus ihrer Trotzstarre zu holen. Bewege deine offene Handfläche vor deinem Gesicht von oben nach unten und wechsle deinen Gesichtsausdruck (von freundlich zu böse oder andersrum), während du die Hand am Mund vorbeiführst. Dann dasselbe Spielchen noch einmal, während du die Hand wieder nach oben bringst.

FLIEGENDE ARME

CHECK!

DAUER: ☆ **AHA-EFFEKT:** ☆☆☆☆

Bitte dein Kind, sich aufrecht hinzustellen und die Arme seitlich am Körper hängen zu lassen. Stell dich davor oder dahinter und halte seine Arme unten in Position. Jetzt soll das Kind seine Arme 15 Sekunden lang mit aller Kraft nach außen drücken. Anschließend sagst du *stopp*, lässt die Arme los, und siehe da: getreu dem Motto „Flieg, Vöglein, flieg!" werden die Arme sich ganz von alleine heben!

MEGA-TIPP

Funktioniert auch ohne Helfer:

CHECK!

WACHSENDE ARME

DAUER: ☆ **MIT VIELEN KINDERN:** ☆☆☆☆☆

Bitte die Kinder, sich hinzustellen und die Arme parallel nach vorne auszustrecken, sodass die Handflächen und Fingerspitzen genau aneinander liegen. Jetzt lass sie mit einem Arm rund 15 Mal auf dem Oberarm des noch ausgestreckten Armes hin und her reiben und erzähle ihnen, dass der Arm durch das Reiben wie von Geisterhand wächst. Wenn die Kinder anschließend die Handflächen und Fingerspitzen wieder aneinanderlegen wollen, erscheint – kein Scherz! – der geriebene Arm tatsächlich länger!

UHH!

CHECK!

SCHRUMPFENDE ARME I

DAUER: ☆ **MIT VIELEN KINDERN:** ☆☆☆☆☆

Schrumpfen statt wachsen? Auch kein Problem: Bitte die Kinder, sich mit nach vorne ausgestreckten Armen so vor eine Wand zu stellen, dass sie sie mit den Fingerspitzen so eben noch berühren. Jetzt lass sie die Arme untenherum nach hinten und wieder zurück nach vorne schwingen. *Ta-taa:* Die Hände berühren die Wand nicht mehr!

SCHRUMPFENDE ARME II

CHECK!

DAUER: ☆ **MIT VIELEN KINDERN:** ☆☆☆☆☆

Hier eine Variante des vorherigen Tricks: Bitte die Kinder, sich mit nach vorne ausgestreckten Armen vor eine Wand zu stellen, sodass ihre Handflächen die Wand berühren. Jetzt sollen sie einen Arm über den Kopf nach hinten und untenrum wieder nach vorne schwingen. *Ta-taa:* Diese Hand erreicht die Wand nicht mehr!

EINE ARMLÄNGE VORAUS

CHECK!

DAUER: ☆ **AHA-EFFEKT:** ☆☆☆☆

Bitte dein Kind, einen Arm freizumachen (ggf. Pullover hochkrempeln), nach vorne auszustrecken und die Augen zu schließen. Jetzt tippelst du mit Zeige- und Mittelfinger langsam vom Handgelenk in Richtung Armbeuge.

Kitzlig?? Wenn dein Kind glaubt, dass deine Finger die Armbeuge erreicht haben, soll es *Stopp* sagen. Hey, das *Stopp* war viel zu früh!

CHECK!

SUPER-ARMLEUCHTER-KRÄFTE

DAUER: ☆ **MIT VIELEN KINDERN:** ☆☆☆☆☆

Bitte eines der Kinder, 30 Sekunden lang einen Arm ausgestreckt nach oben zu halten. Du schaust nicht hin, kannst aber direkt, nachdem der Arm wieder heruntergenommen wurde, auf zauberhafte Weise sagen, welche Hand das Kind hochgehalten hat. Psst, nicht weitersagen: Die hochgehaltene Hand ist schwächer durchblutet und erscheint dadurch etwas heller.

CHECK!

HÄNDE VERBINDEN I

DAUER: ☆ **AHA-EFFEKT:** ☆☆☆☆

Bitte dein Kind, die Arme nach vorne auszustrecken. Die Handflächen zeigen in einem Abstand von rund 15 cm zueinander. Jetzt umkreist du die Hände langsam und mit ausgestrecktem Zeigefinger. Erhöhe die Geschwindigkeit mehr und mehr. Cool: Dein Kind wird seine Hände wie von Geisterhand immer weiter zusammenbringen.

HÄNDE VERBINDEN II

CHECK!

DAUER: ✫✫ **MIT VIELEN KINDERN:** ✫✫✫✫✫

Diese Nummer ist schwieriger als die vorangegangene und eine Geling-Garantie gibt es leider auch nicht. Aber amüsant für alle Beteiligten ist sie allemal. Bitte eines der Kinder, die Hände zusammenzulegen. Wickle pantomimisch eine Schnur wieder und wieder drum herum und verkünde, dass du die Hände fest zusammenbindest. Weiter und weiter umwickeln. Verkünde, dass die Hände immer fester und fester zusammenge-bunden werden. Weiter und weiter umwickeln. Zum Abschluss machst du einen pantomimischen Knoten. Jetzt verkündest du, dass du die Hände wieder freigibst, und schneidest mit einer pantomimischen Schere die unsichtbare Schnur durch. Fühlt es sich für dein Kind merkwürdig schwer und komisch an, die Hände wieder auseinanderzuziehen? Wenn ja, dann bist du super, Papa! Dein kleiner Trick hat funktioniert!

MASS-NAHME I

CHECK!

DAUER: ✫ **AHA-EFFEKT:** ✫✫✫✫✫

Schätzfrage an dein Kind: *Was ist länger – dein Unterarm (vom Ellenbogengelenk bis zum Handgelenk) oder dein Fuß?* Eifriges Messen und ein verblüfftes Gesicht: Beide Maße sind nahezu identisch!

CHECK!

MASS-NAHME II

DAUER: ☆ **AHA-EFFEKT:** ☆☆☆☆☆

Nächste Frage: Was ist länger – deine Armspannweite (Arme seitlich ausgestreckt und von Fingerspitze zu Fingerspitze messen) oder deine Körpergröße (stehend gemessen von Kopf bis Fuß)? Bei Kindern in der Wachstumsphase kann es zu leichten Verschiebungen kommen, aber ansonsten sind auch hier wieder beide Maße relativ identisch!

UHH!

CHECK!

BAUCHPINSELN & KOPFKLOPFEN

DAUER: ☆ **ÜBUNGSSACHE:** ☆☆☆

Reibe dir mit der einen Hand den Bauch und klopfe dir gleichzeitig mit der anderen Hand auf den Kopf. Auf Anhieb gar nicht so leicht, oder? Und jetzt dein Kind ... Das wird ein Spaß!
Oder kreist als Variante mit den Armen in unterschiedliche Richtungen: Ein Arm dreht sich linksherum, der andere rechtsherum.

CHECK!

HAND- & FUSSKREISEN

DAUER: ☆ **ÜBUNGSSACHE:** ☆☆☆☆

Setzt euch an einen Tisch und malt mit dem Zeigefinger (der rechten Hand) rechtsdrehende Kreise auf die Tischplatte, während ihr unter der Tischplatte gleichzeitig mit dem rechten Fuß linksdrehende Kreise in der Luft macht. Wer hat den Dreh als Erster raus? Und wer sitzt unterm Tisch und schaut, dass keiner pfuscht?

FINGERKREISEN

CHECK!

DAUER: ★★☆ **ÜBUNGSSACHE:** ★★★★

Streckt eure Arme nach vorne aus und haltet die Zeigefingerspitzen wie hier gezeigt gegeneinander. Jetzt malt ihr mit einem Arm einen Kreis und führt den Finger wieder an die Ausgangsposition zurück. *Easy!* Jetzt das Ganze mit beiden Armen – und die Kreisbewegung in unterschiedliche Richtungen vollführen. *Nicht mehr ganz so easy, was*? Die Finger finden sich nicht mehr ganz so leicht, sondern sind in der Höhe leicht versetzt. Geschafft? Dann wiederholt das Spielchen in unterschiedliche Richtungen mit einem schnelleren und einem langsameren Arm. Auch geschafft? Dann noch einmal mit einer kleineren Kreisbahn der einen Hand innerhalb einer etwas größeren Kreisbahn der anderen Hand. Wer hat da was von *easy* gesagt?!

VERLIEBTE FINGER

CHECK!

DAUER: ★★★ **AHA-EFFEKT:** ★★★★★

Ein guter Kniff fürs Kräftemessen in der Kita oder auf dem Schulhof: Lass dein Kind die Hände wie hier gezeigt aneinanderlegen. Wenn ein anderes Kind nun gleichmäßig an den Handgelenken zieht, wird es ihm nicht gelingen, sie auseinanderzuziehen!

CHECK!

FAUSTSCHLAG

DAUER: ☆ **AHA-EFFEKT:** ☆☆☆☆☆

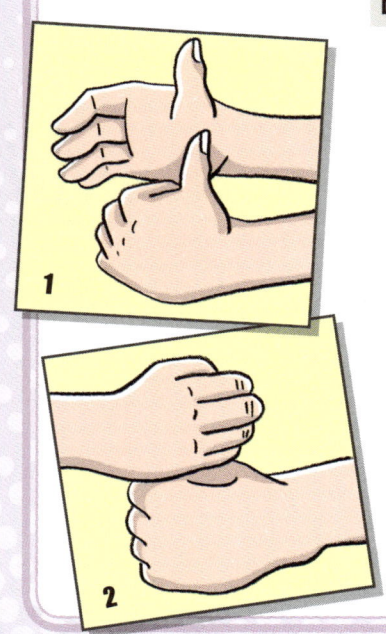

Bitte dein Kind, seine beiden Fäuste aufeinanderzu-
stellen. Dann schlägst du auf Ansage mit der Handinnenfläche gegen die obere Faust – die Fäuste
fliegen auseinander. Jetzt darf dein Kind dir zeigen,
wie stark es ist, und das Gleiche bei dir versuchen!
Aber tricky, du hast natürlich ein Ass im Ärmel, indem
du den Daumen der unteren Hand heimlich nach
oben streckst und ihn mit der oberen Faust so fest
umklammerst, wie du nur kannst. *Leider keine
Chance, mein Kind!*

CHECK!

KÜSSEN IMPOSSIBLE

DAUER: ☆ **MIT VIELEN KINDERN:** ☆☆☆☆☆

Wer schafft es als Erster, sein Ellenbogengelenk zu küssen?
Eine einfache Frage, die sofort für beste Unterhaltung sorgt.
Früher oder später sickert die Erkenntnis durch: Keiner
kann's. Oder zumindest die allerwenigsten. Amüsant war's
trotzdem!

ALLE GEGEN EINEN

CHECK!

DAUER: ☆☆ **MIT VIELEN KINDERN:** ☆☆☆☆☆

Lasse ein Kind sich vor eine Wand auf den Boden stellen und mit beiden Händen daran abstützen. Nun können sich dahinter beliebig viele Personen in einer Reihe aufstellen und werden es nicht schaffen, es an die Wand zu drücken: Anders als etwa beim Ziehen an einem Seil addieren sich die Kräfte bei dieser Aufstellung nicht, man ist „nur" dem Druck der Person direkt dahinter ausgesetzt.

RÜCKENKRAULEN

CHECK!

DAUER: ☆ **AHA-EFFEKT:** ☆☆☆☆☆

Nimm eine Kleiderbürste und stelle dich damit hinter dein Kind. Während du ihm mit der Hand sanft über den Rücken streichst, streichst du gleichzeitig mit der Bürste über deinen Pulli. Perfekte Täuschung: Dein Kind könnte schwören, dass es die Bürste im Rücken gespürt hat, wetten?

POPELKÖNIG

CHECK!

DAUER: ☆ **EKLIG:** ☆☆☆

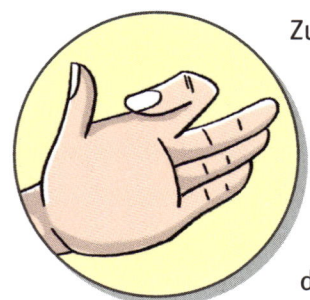

Zugegeben: Schlechte Manieren soll man nicht kultivieren, aber in diesem Fall machen wir mal eine Ausnahme. Knicke einen Finger ein und steck den Knöchel ins Nasenloch. Aus dem richtigen Blickwinkel wird dein Kind denken, der komplette Finger wäre in der Nase verschwunden!

CHECK!

DAUMEN AB, DAUMEN DRAN

DAUER: ☆☆ **EKLIG:** ☆☆☆☆☆

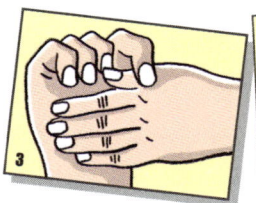

Mit etwas Übung und einer guten schauspielerischen Leistung kannst du mit diesem kleinen Trick mächtig Eindruck schinden. Halte eine Hand ausgestreckt vor dich, der Handrücken zeigt zum Publikum (Abb. 1). Knicke nun unauffällig den Daumen ein und lege deine andere Hand mit ebenfalls eingeknicktem Daumen wie gezeigt darüber (Abb. 2 und 3): Der eingeknickte Daumen der zweiten Hand tut so, als gehöre er zur ersten, die „Nahtstelle" wird mit dem Zeigefinger der linken Hand verdeckt. Und jetzt die Showeinlage: Ein paarmal kräftig ziehen und anstrengende Geräusche dazu machen, dann *PLOPP* hast du dir den Daumen abgerissen (Abb. 4). *Aaaah!* Aber keine Sorge: Ein rasches Ausschütteln, und alles ist wieder okay!

LANGFINGER

CHECK!

DAUER: ☆ **EKLIG:** ☆☆☆☆

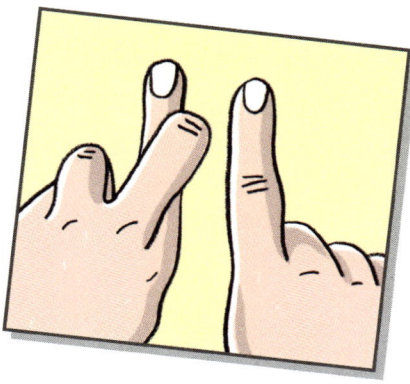
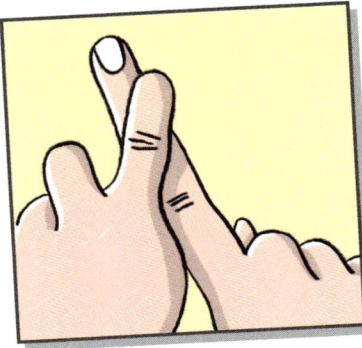

Der verlängerte Zeigefinger ist zwar nicht ganz so imposant wie der abgerissene Daumen, aber trotzdem schön und schaurig anzusehen. Biegsame Finger sind dabei sehr hilfreich, weshalb deinem Kind das Nachmachen dieser kleinen Illusion merklich leichter fallen dürfte.

TOUPET OLÉ!

CHECK!

DAUER: ☆ **MIT VIELEN KINDERN:** ☆☆☆☆☆

Lege die Hände auf den Kopf und schiebe mit ihnen Haare und Kopfhaut vor und zurück – schon erweckst du den Anschein, als würdest du ein Toupet tragen! Mit etwas Übung benötigst du dafür übrigens nicht mal deine Hände – einfach nur die richtigen Muskelpartien anspannen, schon rückst du dein neues Toupet zurecht...

CHECK!

KOPF DURCH WAND

DAUER: ☆ **MIT VIELEN KINDERN:** ☆☆☆☆☆

Kleiner Schockmoment gefällig? Hier kommt ein simpler Trick, um den Kopf täuschend echt gegen die Wand, eine Tür o. Ä. zu schlagen: Du brauchst nichts weiter zu tun, als den Kopf kurz vor dem vermeintlichen Aufprall zu stoppen und gleichzeitig mit dem Fuß unauffällig, aber geräuschvoll gegen die Wand/Tür zu treten. Aber bitte, Vorsicht! Es soll sich ja keiner wehtun!

Oops!

CHECK!

GEBROCHENE NASE

DAUER: ☆ **MIT VIELEN KINDERN:** ☆☆☆☆☆

Und noch ein Schocker ... Behaupte vor den Kindern, du hast dir früher mal die Nase gebrochen und könntest das seither immer wieder tun. Ungläubiges Kopfschütteln? Dann nimm die Hände vor die Nase, wobei du die Daumen heimlich im leicht geöffneten Mund hinter den oberen Schneidezähnen platzierst. Jetzt bewegst du Hände und Nase ruckartig zu einer Seite und lässt dabei gleichzeitig die Daumennägel unter den Schneidezähnen entlang nach draußen schnippen. Schreckgeweitete Augen? Ungläubiges Staunen? Dann rasch das Spielchen wiederholen und die Nase zurück in die ursprüngliche Position bringen. Unter Garantie bist du nun der Held des Tages!

KLEINE BOXSTUNDE

DAUER: ☆ **MIT VIELEN KINDERN:** ☆☆☆☆☆

Haben wir früher nicht alle mal davon geträumt, so unbesiegbar und schlagkräftig wie Terence Hill und Bud Spencer zu sein? Natürlich wollen wir an dieser Stelle niemanden animieren, aber wenn schon ein spielerischer Schaukampf, dann doch bitte mit der richtigen Technik: Täusche mit der einen Hand einen Schlag an und klopfe dir mit der anderen Hand gleichzeitig kräftig auf die Brust. Brustklopfen mit offener Handfläche ergibt ein eher helles Geräusch (ähnlich einer Ohrfeige), Brustklopfen mit der Faust ein eher dumpfes Geräusch. So oder so: Die geräuschvolle Untermalung verfeinert die Darbietung!

BRENNNESSELARME

DAUER: ☆ **MIT VIELEN KINDERN:** ☆☆☆☆☆

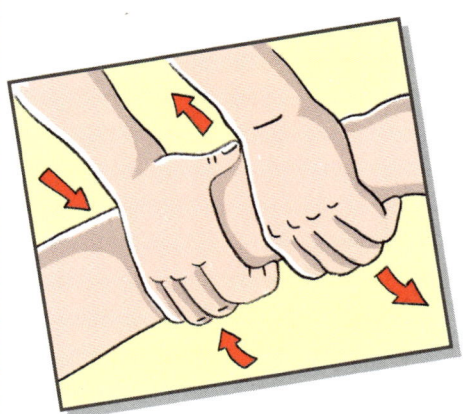

Ein Klassiker, den jedes Kind im Repertoire haben sollte und auf den auch wir Eltern lieber vorbereitet sein sollten: Der Unterarm des Streichopfers wird mit beiden Händen beherzt gepackt und rasch hin und her gedreht. Mit dieser Technik kann man sich bei seinem Gegenüber äußerst unbeliebt machen.

CHECK!

FEDERLEICHT HOCHHEBEN

DAUER: ☆ **AHA-EFFEKT:** ☆☆☆☆☆

Bitte dein Kind, sich aufrecht hinzustellen, und drücke ihm rund 10 Sekunden lang kräftig – aber natürlich nicht zu kräftig – von oben auf den Kopf. Nun soll es die Augen schließen, während du ihm von hinten unter die Arme greifst und auf Ansage so tust, als würdest du es hochheben. Für das Kind wird sich das Hochheben verblüffend echt anfühlen!

CHECK!

HOCH MIT PAPA!

DAUER: ☆☆ **MIT VIELEN KINDERN:** ☆☆☆☆☆

Und jetzt dürfen die Kleinen zeigen, was sie drauf haben – nämlich einen Erwachsenen nur mit den Zeigefingern hochheben! Das Versuchskaninchen, also du, sitzt aufrecht auf einem harten Stuhl, die Hände liegen auf den Oberschenkeln. Vier Kinder ab ca. 8 Jahren stellen sich darum herum und falten ihre Hände wie zum Gebet, nur mit ausgestreckten Zeigefingern. Zwei greifen mit den Zeigefingern unter die Kniekehlen, zwei unter die Achselhöhlen. *Hochheben, bitte! – Pfff, keine*

Chance! Okay, dann anders: Die Kinder behalten ihre Handhaltung bei, legen die Zeigefinger aber zunächst für rund eine Minute kollektiv auf deinen Kopf und drücken sanft nach unten. Anschließend gehen alle wieder in Position, zählen gemeinsam laut bis drei, dann der zweite Versuch. Und siehe da: Kosmische Superkräfte sind am Werk! Wichtig ist das Timing, die Kinder müssen exakt zeitgleich anheben. Übung macht den Meister!

BALDUCCI-SCHWEBE

DAUER: ☆☆ **MIT VIELEN KINDERN:** ☆☆☆☆☆

Jetzt bist du wieder am Drücker. Deine große Behauptung: Du wirst vor allen Anwesenden aus eigener Kraft und ohne Hilfsmittel schweben!

Bitte dein Publikum mit bedeutsamen Worten zurückzutreten, da du bei einem möglichen Absturz niemanden in Gefahr bringen möchtest. Gerne darf ein Freiwilliger kurz vortreten, um den Boden nach eventuellen Hilfsmitteln abzusuchen. Er wird nichts finden. Anschließend nimmst du deine Position ein: Stell dich mit dem Rücken in einem Winkel von 45 Grad zu den Zuschauern. Sie sollen deinen linken Fuß, aber nur den hinteren Teil deiner rechten Ferse sehen können.

Zurufe aus dem Publikum à la *Umdrehen!* verbittest du dir – nichts darf jetzt noch deine Konzentration stören!

Für den Showeffekt atmest du laut und tief ein- und aus und streckst die Arme seitlich aus und tust so, als würdest du dich mit den Handflächen in der Luft vom Boden abdrücken.

Der große Moment ist gekommen: Halte die Fersen zusammen, hebe den linken Fuß (der dem Publikum zuge-wandt ist) parallel zum Boden ein paar Zentimeter hoch und hebe dabei gleichzeitig die rechte Ferse (mithilfe des rechten Fußballens) auf dieselbe Höhe an. Für dein Publikum entsteht die Illusion, dass du schwebst! Nach zwei bis drei Sekunden (bevor dir jemand auf die Schliche kommt) ist der Spuk vorbei, du setzt die Füße wieder auf, lässt die Arme erschlaffen und gehst leicht in die Knie.

Das war echt anstrengend!

CHECK!

KÜSSORGIE

UHH!

DAUER: ☆ **PEINLICH:** ☆☆☆☆

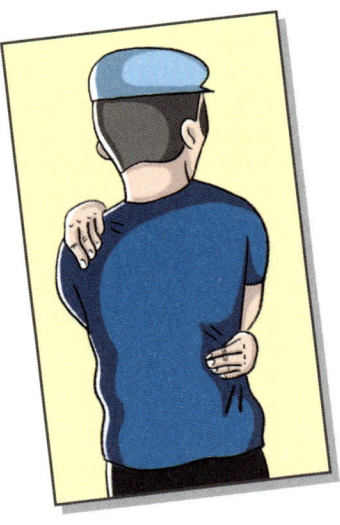

Pantomimespiele mögen nicht jedermanns Sache sein, aber Kindern gefallen sie fast garantiert! Es lohnt sich also, wenigstens ein paar Standards im Repertoire zu haben. Beginnen wir mit vermeintlichem wildem Rumgeknutsche: Dreh dich mit den Rücken zu deinem Kind und schlinge die Arme nach hinten um deinen Körper, den Kopf leicht nach unten gesenkt. Jetzt streichle dir selbst die Schultern und den Rücken. Dazu noch ein paar innige Kussgeräusche – fertig ist das Schauspiel! Und je nach Alter deines Kindes wirst du das Gejohle nicht aushalten!

CHECK!

TREPPENSTEIGEN

DAUER: ☆ **ÜBUNGSSACHE:** ☆☆☆

Ab in den Geheimkeller!, verkündest du großspurig und verschwindest gekonnt hinter dem Sofa. Damit dein Auftritt überzeugend rüberkommt, bedarf es etwas Übung im Vorfeld: Halte den Oberkörper relativ gerade und senke ihn beim Gehen schrittweise ab, als wenn du Treppenstufen hinabsteigst. Knieprobleme wären hinderlich. Sobald du aus dem Sichtfeld der Kinder verschwunden bist, heißt es umdrehen (idealerweise noch eine im Vorfeld heimlich hinter dem Sofa deponierte Flasche aufheben) und wieder hochsteigen.

WOW!

STOLPERFALLE

CHECK!

DAUER: ☆ **PEINLICH:** ☆☆☆☆

Überzeugend zu stolpern ist eine Kunst, die sich glücklicherweise leicht erlernen lässt. Einfach ganz normal laufen; dann den von hinten nach vorne zu ziehenden Fuß gegen die Hacke des stehenden Fußes schlagen – der Rest kommt automatisch. Anwendungsbeispiel gefällig? Suche dir eine bestimmte Stelle aus, an der du stolperst. *Nanu, wer hat denn dieses unsichtbare Seil hier gespannt? Kinder, wart ihr das etwa?* Natürlich nicht. Und trotzdem: Jedes Mal, wenn du wieder an der Stelle vorbeiläufst, stolperst du erneut. Du wirst sehen, die kleinen Kinder werden sich kugeln vor Lachen! Und die älteren werden wahrscheinlich früher oder später den Raum verlassen …

ZUNGENROLLER

CHECK!

DAUER: ☆ **MIT VIELEN KINDERN:** ☆☆☆☆☆

Wer in der Runde kann seine Zunge seitlich zu einer Röhre rollen? Hinter dieser Frage steckt ausnahmsweise kein Trick. Und üben lässt sich das Zungenrollen auch nicht. Die meisten Leute können's, manche leider nicht. Ein paar lustige Gesichter gibt es allemal zu sehen …

HOCH DAS BEIN!

CHECK!

DAUER: ☆ **ÜBUNGSSACHE:** ☆☆☆☆

Ihr wollt also unbedingt zum Ballett?! Hier kommt die Aufnahmeprüfung: Stellt euch seitlich an eine Wand, sodass Schulter, Hüfte und Fuß die Wand berühren. Jetzt einfach nur das andere Bein heben, ohne den restlichen Körper von der Wand abzurücken. Nichts leichter als das! … Oder etwa nicht?!

CHECK!

MIT DEN OHREN WACKELN

DAUER: ☆ **ÜBUNGSSACHE:** ☆☆☆☆☆

In gewisser Weise ist das Ohrenwackeln eine Königsdiszip-lin! Es sieht urkomisch aus und macht dich zum gefeierten Star auf jeder Party, doch leider haben nur einige wenige von uns den Dreh raus. Die gute Nachricht: Wir haben die muskuläre Veranlagung zum Ohrenwackeln noch in uns. Die schlechte Nachricht: Da wir die entsprechenden Muskeln kaum noch trainieren, verkümmern sie. Da hilft nur eins: Üben, üben, üben! Erwartet aber keine schnellen Erfolge, denn wie gesagt, es ist eine Königsdisziplin.

CHECK!

BRAUE HOCHZIEHEN

DAUER: ☆☆ **ÜBUNGSSACHE:** ☆☆☆☆☆

Ein weiterer Fall von *Ich kann was, was du nicht kannst!* ist das Hochzie-hen einer einzelnen Augenbraue. Nicht viele Leute beherrschen diese kleine Shownummer aus dem Effeff, aber sie ist mittelfristig erlernbar. Die Schwierigkeit besteht darin, die Augenbrauenheber-Muskeln getrennt voneinander anzusteuern.
Phase 1: Halte mit den Fingern eine Braue fest in Position und ziehe die Brauen nach oben. Zittert der Muskel?

Gut. Wiederhole diese Übung regel-mäßig auf beiden Seiten. Mit der Zeit sollte das Zittern nachlassen.
Phase 2: Stelle dich vor den Spiegel. Die Hände nimmst du beim Hochzie-hen nicht mehr zu Hilfe, stattdessen konzentrierst du dich darauf, die zweite Braue mithilfe des entspre-chenden Muskels unten zu halten. Langsam, aber sicher sollte es dir gelingen, nur eine Braue zu heben. *Gratulation, Mr. Spock!*

KOMMANDO-RÜLPSEN

DAUER: ☆ **PEINLICH:** ☆☆☆☆☆

Zugegeben, dieser Trick ist eine weitere Anstiftung zur Kultivierung schlechter Manieren. Aber hey, Rülpsen auf Kommando will gelernt sein! Man muss die Luft zunächst mit geschlossenem Mund in einem oder mehreren kleinen Häppchen schlucken bzw. runterdrücken, aber nicht den Hals hinunter, sondern nur ein kleines Stück bis irgendwo zwischen Rachen und Kehlkopf. Das klingt bereits wie ein abgeschwächter Rülpser, und man könnte fast meinen, man rülpst die Luft nach innen. Geschafft? Sehr gut, dann den Mund öffnen und die Luft in gewohnter Manier nach außen rülpsen.

MEGA-TIPP

Zeitvertreib für Profis: Das ABC durch Weiterrülpsen Vokale ganz einfach andere Buchstaben bei den Christe Schreiben könnte.

ÄUGLEIN AUF BEIM NIESEN

DAUER: ☆ **MIT VIELEN KINDERN:** ☆☆☆☆☆

Allgemein bekannt und trotzdem eine schöne Aufgabe für die lieben Kinderlein: Wer beim nächsten Niesen die Augen offen hält, bekommt ein Eis. Oder fünf Euro. Oder was auch immer die hausinterne Pädagogik zulässt. Gelingen wird es ohnehin niemandem. Vielleicht verteilst du am Ende einfach trotzdem eine Runde Eis als Wertschätzung für die vielen ambitionierten Fehlversuche?!

FRÖHLICHE SCHATTENSPIELE

DAUER: ✩✩✩✩ **MIT VIELEN KINDERN:** ✩✩✩✩✩

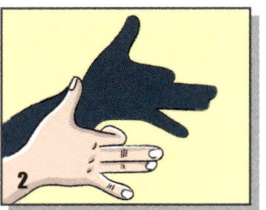

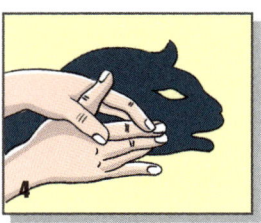

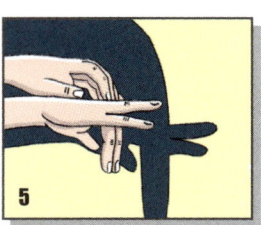

Am Ende eines langen Tages kommt sie endlich – die Zeit der Schattenspiele. Leider eignen sich Energiesparlampen dafür so gut wie gar nicht. Je punktierter die Lichtquelle, desto besser. LED-Taschenlampen oder Handy-Taschenlampen funktionieren super, klassische Glühbirnen und Halogenglühbirnen sind gut, und auch Kerzenlicht hat einen schönen Effekt.

Ich finde, alle Eltern (und Kinder) sollten in der Lage sein, das eine oder andere Schattentier aus dem Hut zu zaubern. Darum stehen euch auf dieser Seite gleich sechs Klassiker zur Auswahl. Am einfachsten sind der Hund (den kleinen Finger bewegen, um den Mund zu bewegen) und der große Vogel (Hände bewegen, um mit den Flügeln zu schlagen). Mit der entsprechenden Fingerfertigkeit und ein bisschen Übung wird die Wand oder der Fußboden schon bald zur abendlichen Kinoleinwand!

HUBSCHRAUBER

CHECK!

DAUER: ★★★ **MIT VIELEN KINDERN:** ★★★★★

Hierfür benötigst du etwas Körperkraft und ein nicht allzu schweres bzw. großes Kind ab 4 Jahren (sonst sind die Gelenkkapseln noch zu weich)! Stellt euch auf ordentliche Schwindelgefühle ein. Außerdem sollte das Ganze nur auf Rasen (oder anderen weichen Untergründen) und mit ausreichend Platz um euch herum ausgeübt werden. So geht's: Halte das Kind an beiden Händen gut fest und hebe es leicht hoch. Jetzt drehst du dich mit wachsendem Schwung um deine eigene Achse im Kreis. Dein Kind beginnt abzuheben! Erinnert stark an die Rotorblätter eines Hubschraubers. Aber Achtung: Drehe dich nicht zu schnell und nicht zu lange – die Fliehkräfte können sogar Übelkeit auslösen. Kündige an, wenn du wieder zur „Landung" ansetzt. Und los geht die wilde Fahrt!

SITZKREIS

CHECK!

DAUER: ★★★ **MIT VIELEN KINDERN:** ★★★★★

Sitzkreise in Gesprächsrunden können mitunter ziemlich ermüdend sein. Dieser hier, der mit sechs oder mehr Personen funktioniert, nicht! Stellt euch eng in einem Kreis auf, sodass jede Person auf den Rücken des Vordermanns schaut. Auf ein vereinbartes Kommando setzen sich alle langsam und gleichzeitig auf die Knie des Hintermanns. Die ersten Versuche sind vielleicht noch nicht von Erfolg gekrönt, aber schon sehr bald solltet ihr einen soliden Sitzkreis gebildet haben, bei dem sogar eine ganze Schulklasse Platz finden kann.

CHECK!

MOONWALK

DAUER: ☆☆ **ÜBUNGSSACHE:** ☆☆☆☆☆

Der Moonwalk ist ein imposanter Tanzschritt, bei dem die Beinbewegungen ein Vorwärtslaufen vortäuschen, während man sich in Wirklichkeit rückwärts bewegt. Michael Jackson hat diese Bewegungsform zwar nicht erfunden, aber er hat sie (bzw. eine Abwandlung davon, den sogenannten Backslide) weltberühmt gemacht. Für einen guten Moonwalk bedarf es harten Trainings. Eine Beschreibung der Technik würde den textlichen und illustrativen Rahmen dieses Buches sprengen. Aber unter uns gesagt, finden sich auf YouTube einige gute Tutorial-Videos. Es lohnt sich: Wer ihn beherrscht, wird grenzenlos bewundert!

CHECK!

MINI-MOONWALK

DAUER: ☆☆ **ÜBUNGSSACHE:** ☆☆

Auch der Mini-Moonwalk bringt einen lässig von A nach B und vom Schwierigkeitsgrad her ist er ein Klacks, verglichen mit dem Original. Ruhm und Ehre dafür sind aber sicher genauso groß! Startposition: die Hacken zusammen, die Fußspitzen nach außen. Jetzt den rechten Fußballen und die linke Hacke nach rechts drehen, bis die Fußspitzen zusammentreffen. Dann die Füße absetzen und in flüssiger Bewegung die rechte Ferse und den linken Fußballen nach rechts drehen, bis die Hacken wieder zusammenschlagen. Wiederholen und so Stück für Stück nach rechts wandern. Sobald das Ganze einigermaßen flüssig aussieht, noch schnell die Schritte in die andere Richtung üben, und dann heißt es: Vorhang auf!

FINGERSTARRE

CHECK!

DAUER: ☆ **AHA-EFFEKT:** ☆☆☆☆

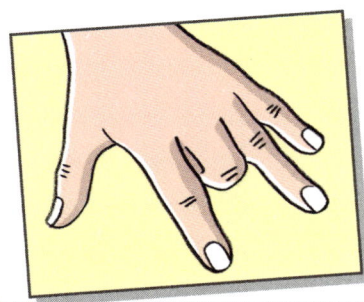

Bitte dein Kind, seine Hand wie hier gezeigt auf den Tisch zu stellen. Der Mittelteil des Mittelfingers sollte ganz aufliegen. Nun soll das Kind den Daumen heben. Kein Problem. Zeigefinger? *Einfach.* Kleiner Finger? *Laaaangweilig.* Ringfinger? *??!!*

PUPSEN MIT DEN HÄNDEN

CHECK!

DAUER: ☆ **PEINLICH:** ☆☆☆

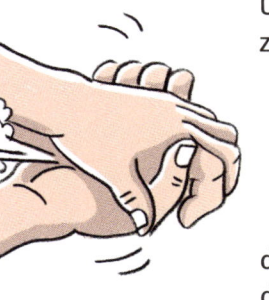

Um nochmal zu den schlechten Manieren zurückzukommen, folgt hier ein Klassiker in Sachen angewandter Fäkalhumor: Die Hände werden wie hier gezeigt aufeinandergelegt und so zusammengedrückt, dass die Luft zwischen den Handflächen nach außen gepresst wird. Dann kurz lockerlassen und das Spielchen immerfort wiederholen. Mit dieser Technik und ein bisschen Übung lassen sich ein paar erstaunlich peinliche Geräusche erzeugen.

MEGA-TIPP

Um den Einstieg zu erleichtern:

BANG!

CHECK!

PUPSEN MIT DEN ACHSELN

DAUER: ☆ PEINLICH: ☆☆☆

Pupsen geht auch noch mit anderen Körperteilen! Winkle den rechten Unterarm an und hebe den Oberarm auf Schulterhöhe. Lege die linke Hand leicht gewölbt in die rechte Achsel, sodass ein kleiner Hohlraum zwischen Handinnenfläche und Achselhöhle entsteht. Die Hand muss die Achselhöhle gut abdichten, und es darf kein Stoff dazwischen liegen. Jetzt den Oberarm ruckartig an den Körper drücken, sodass die Luft aus dem Hohlraum gepresst wird. Kurz lockerlassen und das Spielchen wieder und wieder wiederholen, bis die unliebsam-heißgeliebten Geräusche kommen. Übung macht den Meister ...

CHECK!

PUPSEN MIT DEM MUND

DAUER: ☆ PEINLICH: ☆☆☆

Und hier kommt – der Vollständigkeit halber – noch die einfachste aller Möglichkeiten, schamhafte Geräusche zu imitieren: Den Unterarm gegen den geöffneten Mund drücken und kräftig pusten. Für bessere Ergebnisse den Arm vorher leicht befeuchten. Je weniger Bart- oder Armhaare, desto besser. Meine kleine Tochter hat diese Form der Unterhaltung übrigens schon mit einem Jahr für sich entdeckt und perfektioniert, allerdings nicht auf ihrem Arm, sondern mit großer Vorliebe auf den Bäuchen von Mama, Papa und Bruder ...

WANGENSPIEL

CHECK!

DAUER: ☆ **MIT VIELEN KINDERN:** ☆☆☆☆☆

Glockenspiel war gestern! Klopft euch stattdessen mit den Fingern auf die Wange, während ihr mit dem Mund ein O formt. Versucht verschiedene Klopfstärken, verschiedene Trefferpositionen auf der Wange und verschiedene Mundformen und -öffnungswinkel. Ein leises, aber schönes Begleitinstrument, das ihr immer dabei habt!

KLATSCH & PLOPP

CHECK!

DAUER: ☆ **ÜBUNGSSACHE:** ☆☆☆

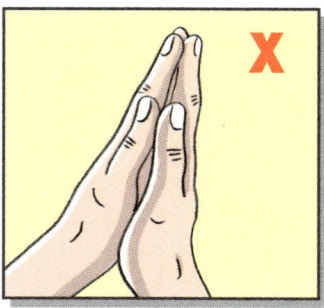

Forme mit dem Mund ein O. Wölbe deine Handflächen wie rechts gezeigt leicht nach innen und schlage sie aus kurzer Distanz direkt vor deinem Gesicht wieder und wieder fest zusammen. Spürst du beim Zusammentreffen der Hände jeweils den austretenden Luftdruck? Sehr gut. Dann lass es jetzt die Kids versuchen. Einfach genau so weiterklatschen und mit dem Mund ein O formen. Das Ergebnis sind amüsante, hohl klingende Plopp-Geräusche. Vielleicht müsst ihr verschiedene Handwölbungen, Klatschstärken und Mundformen ausprobieren, um zu einem guten Ergebnis zu kommen. Über diese Parameter lassen sich dann im Übrigen auch verschiedene Tonhöhen erzielen.

CHECK!

PLOPP-GERÄUSCHE

DAUER: ☆ **MIT VIELEN KINDERN:** ☆☆☆☆☆

Forme mit deinen Lippen ein O und stecke die Fingerkuppe deines rechten Zeigefingers gegen die Innenseite der linken Wange. Wenn du den Finger jetzt krümmst, sollte er mit einem ordentlichen *PLOPP!* aus dem Mund herausrutschen. Mit etwas Übung und über Variationen bei der Finger- und Mundstellung lassen sich verschiedene Töne erzeugen. Und wie klingen viele schnelle Plopp-Geräusche hintereinander? Wie das Ausgießen einer Wasserflasche.

CHECK!

MENSCHLICHER DUDELSACK

DAUER: ☆ **MIT VIELEN KINDERN:** ☆☆☆☆☆

Eine nette kleine Solo-Nummer: Halte dir beim Singen oder Summen einfach mit der einen Hand die Nase zu und klopfe dir mit der anderen Hand sanft an die Kehle. Bei Kindern ist der Effekt noch etwas besser, weil ihr Kehlkopf noch nicht so ausgeprägt ist.

WOW!

UHH!

MENSCHLICHE TROMMEL

DAUER: ☆☆ **MIT VIELEN KINDERN:** ☆☆☆☆☆

Sag laut und ausdauernd *Aaaaaaaaaaaa* und lass dir währenddessen von den Kindern ordentlich auf dem Rücken herumklopfen und -trommeln – schon verwandelst du dich in ein überdimensionales Schlagzeug. Ein kurzer Rollentausch – und das Schlagzeug wird zum Schlagzeuger und umgekehrt.

PFEIFEN MIT DEN FINGERN

DAUER: ☆ **ÜBUNGSSACHE:** ☆☆☆

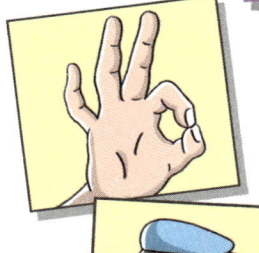

Hin und wieder gilt es, sein Rudel zur Räson zu bringen, und das funktioniert am besten mit Pfiffen. Kannst du nicht? Ist aber gar nicht so schwer! Der Einfachheit halber beschränken wir uns auf das einhändige Pfeifen mit Daumen und Zeigefinger: Feuchte die Lippen an und lege sie über die Zähne, als würdest du eine zahnlose Person imitieren. Halte nun Daumen und Zeigefinger zusammen wie beim „O.K."-Zeichen und lege beide Finger unter die Zungenspitze. Drücke die Zunge jetzt so weit nach hinten, bis die Knöchel von Daumen und Zeigefinger die Unterlippe berühren, und schließe die Lippen fest um die Finger herum – die Öffnung in der Mitte muss die einzige Öffnung sein. Dann: Pusten! Die Zunge darf nicht nach oben klappen und die Öffnung in der Mitte verschließen, und die Luft darf nur über diese Öffnung entweichen. Festeres Pusten ergibt übrigens einen höheren Ton. Und jetzt: üben, üben, üben! Probiere verschiedene Haltungen von Zunge, Lippen und Fingern aus und kontrolliere deine Technik im Spiegel.

EULENRUFE

DAUER: ☆   ÜBUNGSSACHE: ☆☆☆

Die Geräusche einer Taube bzw. Eule zu imitieren, sieht einfach aus, ist es aber nicht. Was dich natürlich nicht davon abhält, es zu versuchen! Forme mit deinen Händen wie hier einen Resonanzkörper: Die rechte Hand umschließt die linke, in der Mitte entsteht ein möglichst gut abgedichteter Hohlraum. Einzig erlaubt ist ein kleiner Spalt zwischen den Daumen, die parallel zueinander verlaufen und auf dem rechten Zeigefinger aufliegen. Führe nun den Mund an diesen Spalt und puste mit mäßigem Druck auf Höhe des ersten Daumenglieds in den Hohlraum. Probiere beim Pusten verschiedene Positionen, Spaltgrößen, Druckstärken und Mundstellungen aus, bis du irgendwann mit den ersten Tönen belohnt wirst – ein toller Moment! Hinweis aus eigener Erfahrung: Ein Oberlippenbart ist kontraproduktiv.

WER LACHT ZUERST?
FÜR ZWEI UND MEHR SPIELER

DAUER: ☆☆☆   KNIFFLIG: ☆☆☆☆

Hat wohl jeder schon mal gespielt. Kategorie: Hall of Fame! Man sitzt (oder steht oder liegt) sich gegenüber und schaut sich fest in die Augen, wer zuerst lacht, verliert. Lässt sich auch mit mehreren Leuten gleichzeitig spielen, aber am schönsten und intensivsten ist es zu zweit. Lachfältchengarantie! Erlaubte und erprobte Hilfsmittel zum Sieg: Grimassen schneiden und Witze erzählen.

WER BLINZELT ZUERST?
FÜR ZWEI UND MEHR SPIELER

CHECK! ○

DAUER: ☆☆☆ **MIT VIELEN KINDERN:** ☆☆☆☆☆

Ein weiterer Hall-of-Fame-Zeitvertreib, den ich in meiner Kindheit geliebt habe: Zwei oder mehr Personen sitzen sich gegenüber, wer blinzelt, verliert. Am Ende gibt es einen strahlenden Sieger und trockene Netzhaut für alle. Bei offiziellen Turnieren werden übrigens Zeiten von zehn Minuten und mehr erreicht!

FINGERSCHLAG

CHECK! ○

DAUER: ☆ **MIT VIELEN KINDERN:** ☆☆☆☆☆

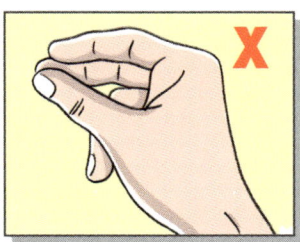

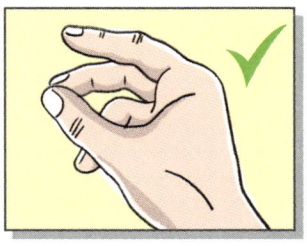

Ooo-kay, wer von euch kann mit den Fingern schnippen? Wahrscheinlich alle, keine Kunst also. Neben der hierzulande weit verbreiteten Methodik gibt es aber noch eine andere (u. a. in Südamerika verbreitete) Möglichkeit, um mit der Hand ein ähnliches Geräusch zu erzeugen. Lege die Kuppen von Daumen und Mittelfinger aufeinander, der Zeigefinger steht etwas nach oben ab. Jetzt die Hand leicht nach oben nehmen und ruckartig nach unten schlagen. Dabei müssen die Finger und das Handgelenk absolut locker bleiben, was anfangs ungewohnt ist, sich aber recht schnell einspielt. Das Schnipp-Geräusch entsteht, wenn der Zeigefinger beim Schlag nach unten auf den Mittelfinger klatscht. Und jetzt auf zum Wettschnippen! Wer hat den Dreh als Erster raus?

SCHNICK, SCHNACK, SCHUSS!
FÜR DREI BIS FÜNF SPIELER

DAUER: ☆☆☆☆ **MIT VIELEN KINDERN:** ☆☆☆☆☆

„Stein, Schere, Papier" oder „Schnick, Schnack, Schnuck" ist ein Klassiker und bewährt zur Entscheidungsfindung in allen Lebenslagen. Die hier gezeigte Variante hat einen besonderen Pfiff: Statt Stein, Schere und Papier gibt es Schießen (mit beiden Händen nach vorne auf einen Mitspieler zielen), Nachladen (beide Hände nach oben halten) und Schutzschild (beide Hände vor der Brust überkreuzen).

Die Spieler sitzen sich gegenüber und sagen laut *Schnick, Schnack, Schuss!* Bei *Schnick* und *Schnack* klopfen alle mit den Händen auf den Tisch (oder auf die Knie), bei *Schus*s nimmt jeder die gewählte Haltung ein. Als Schütze bekommt man einen Punkt, wenn die anvisierte Person auf jemanden anderes zielt oder nachlädt, aber nicht, wenn sie den Schutzschild gewählt hat. Nehmen sich zwei Spieler gegenseitig ins Visier, verlieren sie alle Punkte. Bevor man einen weiteren Schuss abfeuern kann, muss man erst nachladen! Und mehrfaches Nachladen berechtigt zu mehrfachen Schüssen. Wer zuerst fünf Punkte hat, gewinnt.

GRIMASSENSCHAU
FÜR BELIEBIG VIELE SPIELER

CHECK!

DAUER: ☆☆☆☆ **MIT VIELEN KINDERN:** ☆☆☆☆☆

Grimassen schneiden? In Ausnahmesituationen völlig okay. Und garantiert eine Disziplin, bei der die Kinder uns zeigen können, wo's langgeht! Im Freestyle-Modus wird gewetteifert, wer die schrägsten Grimassen zieht. Und nein, die Gesichtsmuskeln bleiben nicht für immer und ewig stehen. Höchstens werden sie gut gelockert und trainiert!

FALSCHE FINGER II

CHECK!

DAUER: ☆ **AHA-EFFEKT:** ☆☆☆☆

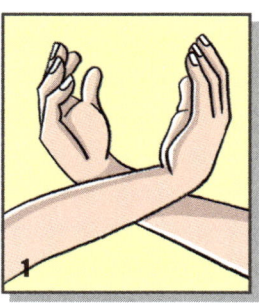 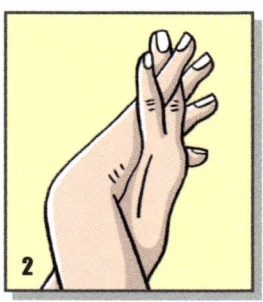 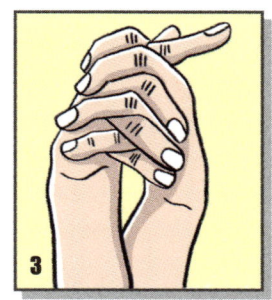

Eine vertrackte und höchst amüsante Aufgabe: Lass dein Kind wie hier gezeigt die Hände über Kreuz verschränken. Deute nun auf einen Finger (ohne ihn zu berühren) und bitte es, ihn zu bewegen. Siehe da: Die lieben Fingerchen wollen einfach nicht gehorchen! Noch schwerer wird es übrigens, wenn das Kind die verschränkten Hände untenherum vor der Brust nach oben dreht.

DAUMENWRESTLING
FÜR ZWEI SPIELER

DAUER: ☆☆☆ **ÜBUNGSSACHE:** ☆☆☆☆☆

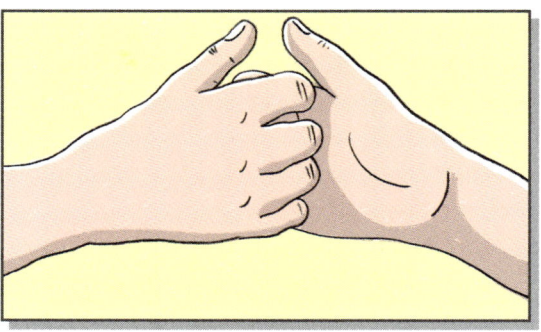

Perfekt, um die Zeit im Wartezimmer oder auf langen Autofahrten totzuschlagen! Zwei Kontrahenten verschränken die Finger der jeweils rechten oder linken Hand miteinander. Während des Countdowns bewegen beide ihre Daumen abwechselnd von der einen zur anderen Seite, auf *Los!* geht's los: Wer schafft es, mit seinem Daumen den des anderen nach unten zu drücken und dort zu halten? Die Hände bleiben währenddessen natürlich gut verschränkt, nur die Daumen dürfen sich bewegen. Spielvariante für erfahrene Daumenwrestler: Ein Spieler überkreuzt die Arme – so kann mit beiden Händen gleichzeitig gewrestlet werden!

MEGA-TIPP

Mit überkreuzten Armen lassen sich

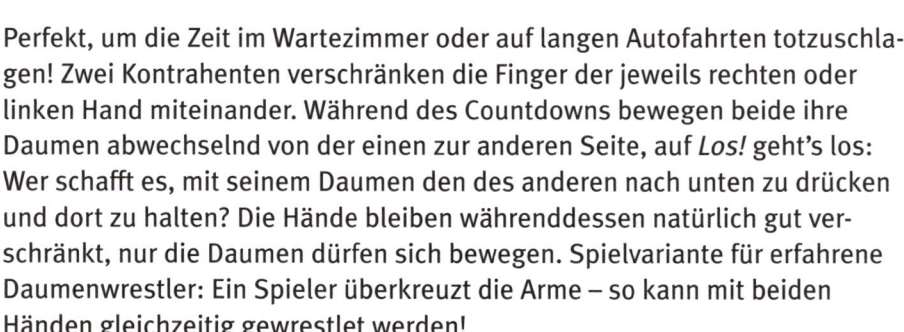

KOMMANDO PIMPERLE
FÜR BELIEBIG VIELE SPIELER

DAUER: ☆☆☆☆☆ **MIT VIELEN KINDERN:** ☆☆☆☆☆

Ein weiterer Klassiker für große Runden. Setze dich mit den Kindern um einen Tisch und ernennt einen Spielleiter. Dann werden unterschiedliche Befehle vereinbart und geübt, klassischerweise diese:
• Pimperle: mit den Zeigefingern auf der Tischkante trommeln
• Hoch: die Arme in die Höhe strecken
• Tief: die Arme unter den Tisch stecken
• Flach: die Handflächen auf den Tisch legen
• Faust: die Fäuste auf den Tisch legen
Der Spielleiter erteilt nun willkürlich die Befehle, und die Mitspieler müssen sie umgehend ausführen. Allerdings ist ein Befehl nur dann gültig, wenn er mit *Kommando* beginnt (z.B. *Kommando Pimperle*). Alle anderen Befehle (z.B. nur *Pimperle*) sind zu ignorieren und der zuletzt gültige Befehl muss weiter ausgeführt werden.

MEGA-TIPP

Zusätzliche Verwirrung gefällig?

AUF EINEM GRASHALM PFEIFEN

DAUER: ☆☆ **ÜBUNGSSACHE:** ☆☆☆

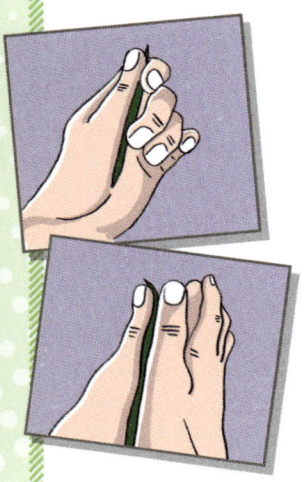

Zwei Dinge sollten angehende Cowboys und Naturburschen aus dem Effeff beherrschen: 1. Einen Gras- oder Strohhalm im Mund haben und dabei gleichzeitig sprechen, essen und trinken können. 2. Auf einem Grashalm pfeifen. Beides eine Sache der Übung und der richtigen Technik, wobei 1 selbsterklärend ist. Für 2 musst du Folgendes tun: Suche dir einen frischen Grashalm, der mindestens so lang ist wie dein Daumen. Klemme ihn straff zwischen die Daumenknöchel. Jetzt die Hände vor den Mund halten und kräftig durch die Knöchel hindurchpusten.

MURMEL-NÜSSE

WOW!

DAUER: ☆☆☆☆☆ **MIT VIELEN KINDERN:** ☆☆☆☆☆

Viele Nusssorten (insbesondere Haselnüsse) geben hervorragende Murmeln ab. Runde Steinchen oder kleine Kastanien gehen auch. Der Form halber hier die Regeln fürs „Wandmurmeln": Die Spieler beziehen hinter einer Linie Stellung und versuchen, jeweils eine ihrer Murmeln mit einem Schnipp- bzw. Daumenschuss möglichst nah an eine Wand, einen Baumstamm oder dergleichen zu bugsieren. Wer am nächsten ans Ziel herankommt, gewinnt alle Murmeln der Runde. Drei mögliche Varianten: 1. Die Murmeln dürfen das Ziel nicht berühren (Rückpraller scheiden aus). 2. Sie müssen das Ziel berühren (nur Rückpraller zählen). 3. Es ist egal, ob sie es berühren oder nicht.

STEINE HÜPFEN LASSEN

DAUER: ☆☆☆☆☆ **AHA-EFFEKT:** ☆☆☆☆☆

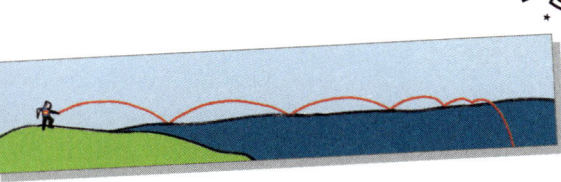

SMASH!

Dieser zeitlose Zeitvertreib hat viele Namen: Ditschen, Titschen, Schnellen, Flitschen… Das Ziel ist klar – es geht darum, einen flachen Stein so zu schleudern, dass er möglichst oft und weit übers Wasser springt, bevor er versinkt. Wer das Steinehüpfen bislang noch nicht beherrscht, muss schleunigst etwas daran ändern! Und so gelingt es:

1. Der Wurfstein sollte flach und möglichst rund bzw. ellipsenförmig sein. Ziegelsteine können getrost beiseitegelegt werden.

2. Die Abwurfhöhe sollte so tief wie möglich über der Wasseroberfläche sein. Also besser ab in die Knie als ab auf die Leiter.

3. Das Wasser sollte ruhig und wellenarm sein. Je windstiller, desto besser. Surfer und Steinehüpfer trifft man daher eher selten am gleichen Ort.

4. Der Stein muss mit der flachen Seite auf der Wasseroberfläche auftreffen, im Idealfall beträgt der Aufprallwinkel 20 Grad. Keine Sorge, zwischen 0 und 45 Grad ist alles noch im Rahmen.

5. Der Stein muss um seine lotrechte Achse rotieren bzw. kreisen. Hier beginnt für viele das Dilemma: Wie gebe ich dem Stein die nötige Drehbewegung mit auf den Weg? So geht's: Der Stein wird zwischen Daumen und Zeigefinger festgehalten und im Moment des Abwurfs wird mit dem Zeigefinger Druck auf den Rand des Steins ausgeübt. Bei Rechtshändern bekommt der Stein dadurch eine Drehbewegung im Uhrzeigersinn, bei Linkshändern gegen den Uhrzeigersinn.

MEGA-TIPP

Etwas unnützes Wissen zum Glänzen:

CHECK!

BLATTKATAPULT

OOOPS!

DAUER: ☆☆ **ÜBUNGSSACHE:** ☆☆☆

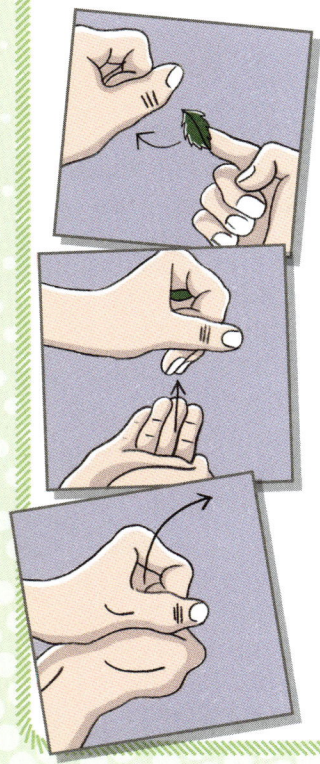

Suche dir ein frisches, rundes, nicht zu großes Blatt. Forme mit einer Hand eine Öffnung und stecke das Blatt mit dem Zeigefinger der anderen Hand von unten soweit hinein, dass es einigermaßen fest drin sitzt. Die andere Hand leicht einknicken und wölben, als wolltest du Wasser darin sammeln. Jetzt die gewölbte Hand von unten kräftig gegen die Hand schlagen, in der das Blatt steckt: Das Blatt sollte mit einem schönen *PLOPP!* in die Luft katapultiert werden und sanft zu Boden segeln. Wenn es bei deinem Kind nicht auf Anhieb klappt, übt die Schlagtechnik erst mal ohne Blatt. Wichtig ist, dass die gewölbte Hand die haltende Hand beim Auftreffen möglichst luftdicht umschließt. Das Geräusch entsteht auch ohne Blatt, und wenn ihr die Öffnung zu euch haltet, solltet ihr einen kurzen Luftstoß im Gesicht spüren.

CHECK!

MARIENKÄFER FLIEGEN LASSEN

DAUER: ☆ **AHA-EFFEKT:** ☆☆☆☆

Marienkäfer sind toll! Und sie haben die schöne Angewohnheit, an Arm, Hand und ausgestrecktem Zeigefinger nach oben zu krabbeln, um am höchsten Punkt – *Und jetzt flieg los, kleiner Marienkäfer!* – ihre Flügelchen auszubreiten und abzuheben. Falls dein Kind das bis jetzt noch nicht kennt, sollte es es bei nächster Gelegenheit unbedingt erfahren und erleben.

KNALLERBSEN

DAUER: ★★★ **MIT VIELEN KINDERN:** ★★★★★

Die runden, weißen Früchte der Gewöhnlichen Schneebeere hängen bis in den Winter hinein an den Sträuchern, und es macht großen Spaß, sie auf festen Boden zu legen und mit den Füßen zu zertreten, um dem leichten Knallgeräusch zu lauschen. Im Volksmund wird die Gewöhnliche Schneebeere daher auch Knallerbsenstrauch genannt. Unbedingt ausprobieren!

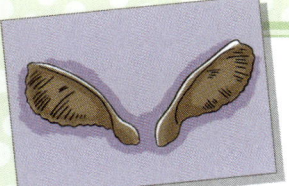

PROPELLERFRÜCHTE

DAUER: ★★★ **MIT VIELEN KINDERN:** ★★★★★

Hand aufs Herz: Wer hat es in seiner Kindheit nicht geliebt, die von den Bäumen gefallenen Ahornfrüchte – wir nannten sie damals „Propellerfrüchte" – hochzuschleudern, um sie bei ihrer rotierenden Rückkehr zur Erde zu bewundern?!

MEGA·TIPP

Auch Natur pur und voll im Einhorn-Trend:

SPRINGKRAUT

DAUER: ☆☆☆ **MIT VIELEN KINDERN:** ☆☆☆☆☆

Springkräuter (bei uns am weitesten verbreitet sind das Große Spring-kraut und das Drüsige Springkraut) haben kapselartige Früchte, die so stark unter Spannung stehen, dass schon eine leichte Berührung ausrei-chen kann, um sie schlagartig aufspringen zu lassen. Dabei werden die Samen fortgeschleudert, was die Pflanze freut! Aber Vorsicht: Alle Arten von Springkraut sind im frischen Zustand schwach giftig! Daher keines-falls in den Mund nehmen.

PUFF-PILZE

DAUER: ☆☆☆ **AHA-EFFEKT:** ☆☆☆

Boviste sind kugelförmig aussehende Pilze, die beim Drauftreten mit einem leisen *PUFF!* eine qualmende Wolke Sporen ausstoßen. Je älter bzw. reifer der Pilz, desto mehr Qualm. Flaschenstäublinge bieten mehr oder weniger denselben Showeffekt. Meine Geschwister und ich hatten früher viel Spaß mit den kleinen Zauberkugeln, die wir einfach „Puff-Äpfel" nannten. Mein Sohn steuert die Pilze übrigens ziel-sicher und freudestrahlend mit *Guck mal, Papa, ein Bovist!* an, seitdem er drei Jahre alt ist.

MEGA-TIPP

Es gibt auch eine Mega-Variante

JUCKPULVER

CHECK!

DAUER: ☆ **AHA-EFFEKT:** ☆☆☆☆

Diesen Punkt verbuchen wir mal unter der Kategorie „präventives Wissen". Es gibt nämlich wenig Dinge, die einem ahnungslosen Spielplatz-Besucher die Laune mehr verderben können als ein paar frisch aus der Schale gepulte und hinterrücks in den Nacken gestreute Hagebuttenkerne. Insbesondere, wenn die Hagebutte schön rot und damit reif ist. Vorsicht: In seltenen Fällen können allergische Reaktionen hervorgerufen werden. Und oft folgt die Rache auf dem Fuß, daher wachsam sein beim Weiterspielen …

GÄNSEBLÜMCHEN-SCHMUCK

CHECK!

DAUER: ☆☆☆ **KNIFFLIG:** ☆☆☆

UHH!

Ob Krone, Halskette, Armband oder Tischdekoration – aus den kleinen süßen Gänseblümchen machen Kinder seit jeher mit Begeisterung liebevolle Unikate. Je länger der Stiel beim Pflücken ist, desto weniger Blümchen braucht man, andererseits: je mehr Blüten, desto hübscher das Ergebnis. Die Technik ist simpel: Den Stiel in der Mitte längs mit dem Fingernagel so weit einritzen, dass der nächste Stiel hindurchgesteckt werden kann. Nicht zu weit einritzen, sonst kann der Stiel einreißen oder die Kette instabil werden. Geht auch mit Löwenzahn!

DIE BLUMENUHR

DAUER: ☆☆☆☆☆ **AHA-EFFEKT:** ☆☆☆☆☆

Verschiedene Blumen und Pflanzen öffnen und schließen ihre Blüten zu unterschiedlichen Tageszeiten. Wer sich auskennt und die genannten Blumen ausfindig macht, könnte theoretisch auf seine Armbanduhr verzichten (theoretisch – die Zeiten sind natürlich nur grobe Richtwerte). Hier seht ihr, welche Blumen sich im Laufe eines Tages wann öffnen; die Schließzeiten 🌷 sind ebenfalls angegeben, wenn diese eindeutig benannt werden können.

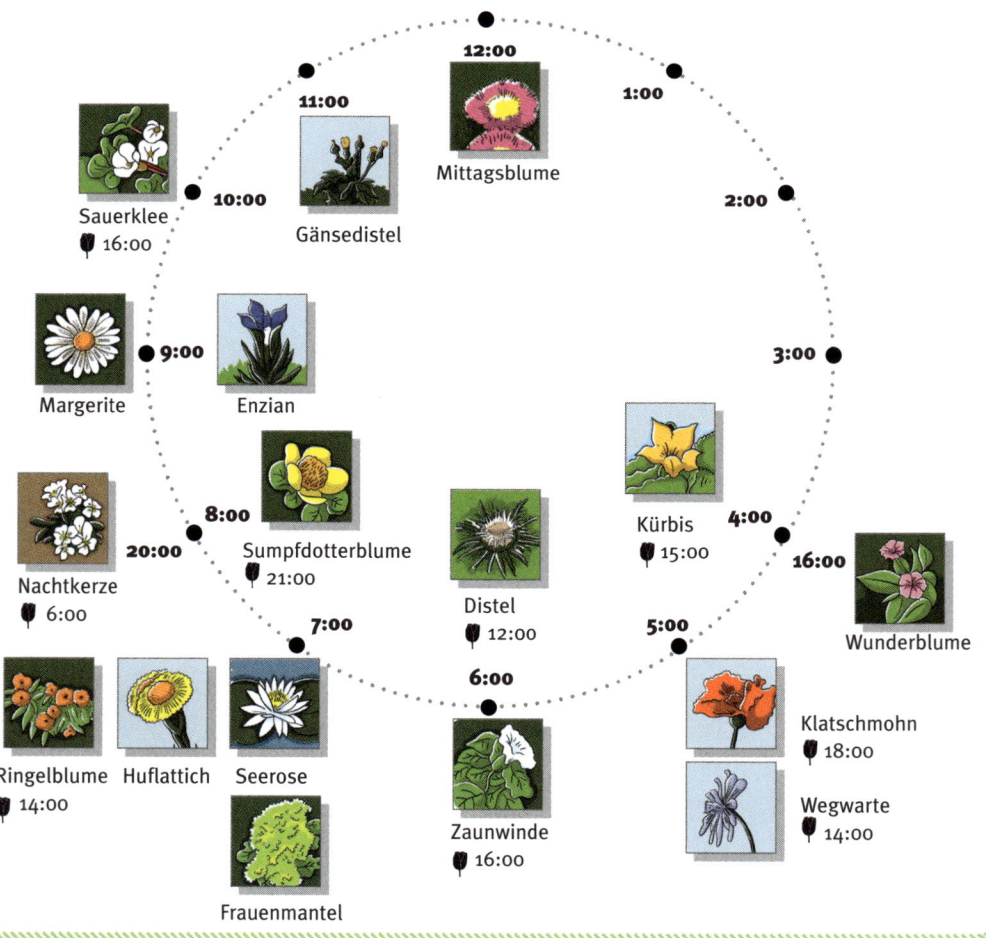

12:00 Mittagsblume

11:00 Gänsedistel

1:00

10:00 Sauerklee 🌷 16:00

2:00

9:00 Margerite | Enzian

3:00

Kürbis 🌷 15:00 **4:00**

8:00 Sumpfdotterblume 🌷 21:00

16:00 Wunderblume

20:00 Nachtkerze 🌷 6:00

Distel 🌷 12:00

5:00

7:00

6:00

Ringelblume 🌷 14:00 | Huflattich | Seerose

Zaunwinde 🌷 16:00

Klatschmohn 🌷 18:00

Wegwarte 🌷 14:00

Frauenmantel

LAUBBÄUME BESTIMMEN

DAUER: ☆☆☆☆☆ **AHA-EFFEKT:** ☆☆☆☆☆

Einige Bäume haben einen so markanten Wuchs oder eine so markante Rinde bzw. Borke (oder beides), dass man sie schon von Weitem erkennt. Beispielsweise die Birke mit ihrer schönen, zum Teil fast weißen Borke. In manchen Fällen ist es jedoch gar nicht so leicht, die Bäume richtig zu bestimmen – wer kennt schon den Unterschied zwischen Rotbuche, Weißbuche, Pappel und Erle? Die hier gezeigte Übersicht macht euren nächsten Waldspaziergang zur spielerischen Entdeckungstour!

Eiche	 **Rosskastanie**	 **Esskastanie**	 **Esche**
 **Ahorn**	 **Platane**	 **Birke**	 **Pappel**
 **Rotbuche**	 **Weißbuche**	 **Erle**	 **Ulme**

53

NADELBÄUME BESTIMMEN

DAUER: ☆☆☆☆☆ **AHA-EFFEKT:** ☆☆☆☆☆

Tanne

Fichte

Kiefer

Lärche

Fichte, Tanne, Kiefer, Lärche – wo liegt da der Unterschied? Cool ist, wer es genau weiß beim Waldspaziergang! Der Spruch *Die Fichte sticht, die Tanne nicht!* stimmt schon mal: Fichtennadeln sind nur rund 1–2 cm lang und sehr spitz, die der übrigen Bäume nicht. Tannen- und Lärchennadeln sind ähnlich lang, die der Kiefer dagegen mit 3–8 cm deutlich länger. Lärchennadeln wachsen in kleinen Büscheln und sind merklich weicher als Fichten- und Tannennadeln. Ein weiteres Unterscheidungsmerkmal: Fichtenzapfen (10–16 cm lang) und Kiefernzapfen (3–6 cm lang) hängen nach unten, während Tannenzapfen (8–15 cm lang) und Lärchenzapfen (2–4 cm lang) nach oben stehen.

MEGA-TIPP

Einmal im Leben als kanadischer Baumfäller unterwegs sein?! Kein Problem: Sucht euch beim nächsten Waldspaziergang einen abgestorbenen, aber noch stehenden Baum – ihn abzusägen ist in aller Regel nicht gern gesehen. Messt die Höhe, indem ihr den Baum fällen lasst, und ein paar Bücher zu Hilfe nehmt, um den Höhenzuwachs zu bestimmen.

BEEREN-TINTE

CHECK!

DAUER: ☆☆☆☆☆ **AHA-EFFEKT:** ☆☆☆☆

Sammelt einen Batzen reifer Beeren, gebt sie portionsweise in ein Sieb und presst sie über einer Schüssel mit einer Gabel aus, um den Saft als eure Tinte aufzufangen. Stellt euch darauf ein, dass die Finger danach eine Weile blau sind! Mithilfe eines Pinsels könnt ihr nun malen oder schreiben.

IHR BRAUCHT schwarze Holunderbeeren; ein Sieb; eine Gabel; eine Schüssel; ein Glas mit Schraubverschluss.

WOW!

MIT FEDERN SCHREIBEN

CHECK!

DAUER: ☆☆☆☆☆ **AHA-EFFEKT:** ☆☆☆☆

Federkiele (meist aus Gänsefedern und Gänsekiele genannt) sind die Vorläufer der metallenen Schreibfedern, die wiederum den klassischen Füllfederhaltern vorausgingen. Einen professionellen Federkiel herzustellen, ist ziemlich aufwendig, aber auch mit der folgenden einfachen Methode lassen sich ordentliche Schreibwerkzeuge zustande bringen.

IHR BRAUCHT eine Gänsefeder; ein Schnitz- oder Taschenmesser.

Schneidet zuerst die Spitze der Feder schräg ab, dann ein kleines Stück der neu entstandenen Spitze, und schneidet die nun abgestumpfte Spitze länglich um ca. 1 cm ein. Und schon kann's losgehen: Einfach die Spitze in Tinte tauchen und losschreiben oder -zeichnen!

CHECK!

BLUMEN FÄRBEN

DAUER: ★★★★★ AHA-EFFEKT: ★★★★★

Wenn ihr weiße Blumen wie Nelken, Rosen, Tulpen oder Dahlien in mit Tinte gefärbtes Wasser stellt, färben sich nach und nach die Blüten: Die Blumen nehmen das Wasser auf und die Tintenfarbstoffe lagern sich in den Blütenblättern ab. Sehr schön, aber gehen wir noch einen Schritt weiter und zaubern zweifarbige Blüten!

IHR BRAUCHT eine große, weiße Nelke; Tinte in zwei Farben; zwei Reagenzgläser oder schmale Gläser; ein hohes Trinkglas; eine Schere.

Füllt je eine Tintenfarbe vorsichtig in ein Reagenzglas (2–3 Patronen pro Glas), füllt es mit Wasser auf und stellt beide aufrecht in das Trinkglas. Mit der Schere den Nelkenstiel auf rund 15 cm kürzen. Danach schlitzt ihr ihn von unten mittig rund 8 cm tief ein, steckt je ein Ende in ein Reagenzglas und wartet. Und wartet. Und wartet. Doch schon nach ein paar Stunden ist die ehemals weiße Blume zweifarbig!

CHECK!

GLÜHWÜRMCHEN BEOBACHTEN

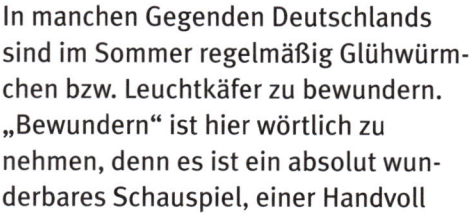

DAUER: ★★★ AHA-EFFEKT: ★★★★★

In manchen Gegenden Deutschlands sind im Sommer regelmäßig Glühwürmchen bzw. Leuchtkäfer zu bewundern. „Bewundern" ist hier wörtlich zu nehmen, denn es ist ein absolut wunderbares Schauspiel, einer Handvoll Glühwürmchen bei ihrem leuchtenden Treiben zuzusehen. „Treiben" passt in diesem Zusammenhang irgendwie auch, da die erwachsenen Glühwürmchen ja bekanntermaßen der Partnersuche wegen leuchten...

UNTERWASSERWELT BEOBACHTEN

CHECK!

DAUER: ☆☆☆☆☆ **AHA-EFFEKT:** ☆☆☆☆☆

Mit diesem Bastelprojekt könnt ihr Bewohner eines Baches oder Teiches beobachten – ohne sie zu stören, ohne nass zu werden, und sogar leicht vergrößert!

IHR BRAUCHT eine große, saubere Konservendose; einen Dosenöffner; Klarsichtfolie; wasserfestes Klebeband.

Entfernt sauber den Deckel und den Boden der Dose. Über eine Öffnung spannt ihr vorsichtig die Klarsichtfolie und klebt sie mit dem Klebeband fest. Wenn ihr das Guckrohr jetzt mit der Folie nach unten ins Wasser taucht, wölbt sich die Folie nach innen und gibt klar und deutlich den Blick in die Unterwasserwelt frei!

STERNEGUCKEN

CHECK!

DAUER: ☆☆☆☆☆ **AHA-EFFEKT:** ☆☆☆☆☆

Ich erinnere mich noch lebhaft an die vielen lauen Sommernächte, in denen ich mit Freunden im Gras gelegen und hoch zu den Sternen geschaut habe. Die Relationen der eigenen Wahrnehmung verschieben sich, philosophische Fragen und Träume tauchen auf, und es kommt zu intensiven Gesprächen über alles und nichts. Großstadtkinder lernen die Kraft und Magie eines klaren Sternenhimmels im Alltag leider nur selten kennen. Aber in wolkenlosen Nächten reicht mitunter schon ein Abstecher in den nächstgelegen Park, um ein besseres Gefühl für die Schönheit der Sterne zu bekommen.

MEGA-TIPP

Besonders glänzen kann man in solchen Nächten

CHECK!

STERNSCHNUPPEN-NÄCHTE

DAUER: ☆☆☆☆☆ **AHA-EFFEKT:** ☆☆☆☆☆

Kleine Meteorite, die mit rasantem Tempo in die Erdatmosphäre eindringen, glühen kurz als Sternschnuppe auf und verdampfen. *Schnell, wünsch dir was!* Wer viele Wünsche hat, merke sich folgende Termine vor, an denen es zahllose Schnuppen regnen wird:

1.–5. Januar/Quadrantiden (bester Tag: 03.01.)
17. Juli – 24. August/Perseiden (bester Tag: 12.08.)
14.–21. November/Leoniden (bester Tag: 17.11.)
07.–17. Dezember/Geminiden (bester Tag: 13.12.)

CHECK!

ZEICHENKOHLE SELBER MACHEN

DAUER: ☆☆☆☆☆ **AHA-EFFEKT:** ☆☆☆

IHR BRAUCHT Weiden- oder Birkenzweige; ein Schnitz- oder Taschenmesser; eine kleine Blechdose mit Deckel; ein Lagerfeuer.

Sammelt einen fingerdicken, frischen Weiden- oder Birkenzweig. Ab jetzt dürfen die Kinder erstmal nur noch zugucken! Entrinde den Ast mit einem Schnitz- oder Taschenmesser und schneide ihn auf Länge der Dose in mehrere Stücke. In den Deckel der Dose bohrst du mit der Messerspitze vorsichtig ein kleines Loch. Die Aststücke kommen in die Blechdose. Deckel drauf und ab damit in die Glut des Lagerfeuers. Nach ca. 30 Minuten nimmst du die Dose mithilfe einer Zange oder langer Äste vorsichtig aus dem Feuer und lässt sie gut abkühlen. Die fertige Kohle bitte trocken lagern.

MEGA-TIPP

Wenn ihr keine Blechdose habt, ~~kommt die fertige~~ ~~Adresse von~~ ~~einwickelt. Das Aluminium braun zwei~~ ~~langer~~ ...

FUNKEN SCHLAGEN & FEUER MACHEN

DAUER: ☆☆☆☆ **AHA-EFFEKT:** ☆☆☆☆☆

Vollblut-Pfadfinder haben sich bestimmt schon einmal in der Technik des Feuer-bohrens mit dem Quirl- oder Fiedelbohrer versucht. Mit Feuersteinen, Quarziten oder sogar Sandsteinen geht es aber deutlich schneller und einfacher. Die Funken entstehen übrigens nicht durch bloßes Aneinanderschlagen der Steine...

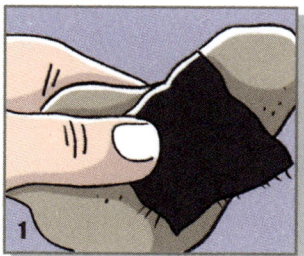

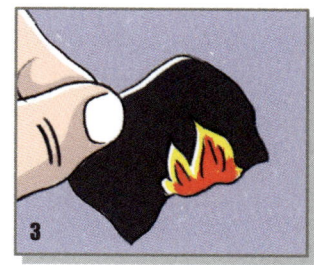

IHR BRAUCHT einen Feuerstein (oder Quarzit- oder Sandstein); trockenes Pflanzen-material; Leinwandzunder (char cloth); eine Stahlklinge oder Feile.

Baut beispielsweise aus trockenem Gras, Blättern und kleinen Stöckchen ein kleines Zundernest. Nehmt einen Stein zwischen Daumen und Zeigefinger und legt etwas Leinwandzunder darüber. Der Stein sollte groß genug sein, damit ihr euch nicht auf die Finger klopft, und eine scharfe Kante haben, über die ihr jetzt mit der Stahlklinge so lange schrammt bzw. schlagt, bis Funken entstehen, die den Lein-wandzunder zum Glimmen bringen. Dann den Zunder an das Zundernest halten und sanft anpusten, damit er Feuer fängt. Anschließend nach und nach größere Stöcke auflegen, um das Feuer richtig zum Lodern zu bringen.

CHECK!

KOMPASS AM HANDGELENK

DAUER: ✰✰ **AHA-EFFEKT:** ✰✰✰✰

Gehörst du zu den Menschen, die noch immer gerne eine analoge Armbanduhr tragen? Sehr gut, dann kannst du sie deinem Kind beim nächsten Wanderausflug nämlich als Kompass anpreisen: Halte die Uhr horizontal (also parallel zum Boden) und drehe sie so, dass der Stundenzeiger exakt zur Sonne ausgerichtet ist. Auf halber Strecke zwischen dem Stundenzeiger und der 12 des Ziffernblatts ist Süden. Sollte euch eure Wanderung wider Erwarten bis zur Südhalbkugel führen, läuft das Spielchen etwas anders: Dort richtest du die 12 auf die Sonne, auf halber Strecke zum Stundenzeiger liegt dann Norden.

CHECK!

WO BLITZT ES DENN?

DAUER: ✰✰ **AHA-EFFEKT:** ✰✰✰

Sicher ist euch schon aufgefallen, dass man bei Gewitter immer zuerst den Blitz sieht, bevor es donnert. Das liegt daran, dass die Schallgeschwindigkeit „nur" schlappe 350 Meter/Sekunde beträgt, während die Lichtgeschwindigkeit bei sage und schreibe 300.000 Kilometern/Sekunde liegt. Während wir den Blitz also sofort sehen, benötigt der Donner pro 350 Meter eine Sekunde. Daher kann man einfach die Sekunden zwischen Blitz und Donner zählen und diese mit 350 multiplizieren, um die Entfernung des Gewitters in Metern zu bestimmen. Sehr cool!

MEGA-TIPP

Um rauszufinden, ob und wie schnell ein Gewitter auf euch zukommt, ~~~~~~

WASSERADERN SUCHEN

DAUER: ☆☆☆☆ **AHA-EFFEKT:** ☆☆☆☆☆

Ein faszinierendes Instrument, das ich erst kürzlich mit eigenen Augen und Händen erleben durfte: Mit einer Winkelrute lassen sich Wasseradern im Erdreich aufspüren. Kein Hokuspokus, beim Brunnenbau wird diese Methode (obgleich nach wie vor wissenschaftlich umstritten) regelmäßig und erfolgreich eingesetzt. Bauen wir uns doch schnell selbst eine solche Rute!

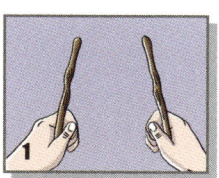
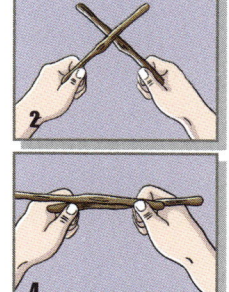
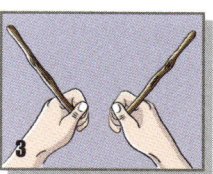
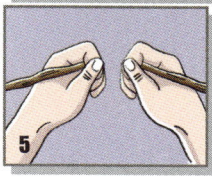

IHR BRAUCHT zwei gerade, rund 50 cm lange, 1,5 mm dicke Metalldrähte (z. B. Metall-Kleiderbügel); zwei Trinkhalme.

Knickt die Enden der geraden Drähte auf einer Länge von jeweils 10 cm senkrecht ab. Steckt diese kurzen Enden (die zugleich die Haltegriffe darstellen) jeweils in einen Trinkhalm. Jetzt in jede Hand eine Rute vor den Körper nehmen, sodass die beiden 40 cm langen, geraden Drähte nach vorne wegzeigen und dabei parallel zueinander und fast waagerecht zum Boden stehen (die Spitzen sind um ca. 5 Grad nach unten geneigt; 1). Berührt mit euren Händen nur die Trinkhalme,

nicht das Metall. Außerdem müssen sich die Drähte frei bewegen können – drückt die Trinkhalme also nicht zusammen. Jetzt lauft ihr langsam und bedächtig umher. Wenn die beiden Ruten während des Laufens parallel bleiben, ist keine Wasserader (oder sonstige Störung) im Boden. Wenn sie sich während des Laufens leicht voneinander abstoßen oder überkreuzen (2 und 3), ist eine kleine Wasserader im Boden. Wenn sie sich während des Laufens komplett voneinander wegstoßen oder überlagern (4 und 5), ist eine große Wasserader im Boden.

CHECK!

KNATTER-RAD

DAUER: ☆☆ **LAUT:** ☆☆☆☆

Früher haben meine Geschwister, meine Freunde und ich gerne kleine Stöckchen so am Hinterrad unserer Drahtesel befestigt, dass das halbe Dorf unsere 500 Meter lange Fahrt zum Spielplatz akustisch mitverfolgen konnte. Das war jedes Mal ein großer Spaß – zumindest für uns!

IHR BRAUCHT mehrere rund 10 cm lange, fingerdicke, biegsame Aststücke (z. B. Weidenzweige); Fahrräder.

Schnapp dir das Rad deines Kindes und dein eigenes. Befestigt das Stöckchen an der Sitzstrebe oder an der Kettenstrebe des Fahrrads, sodass es leicht (nicht zu viel!) in die Speichen hineinragt. Das Stöckchen soll ordentlich klappern, wenn ihr das Hinterrad dreht, dieses aber keinesfalls blockieren! Wenn ihr an den Streben noch ungenutzte Schraubenlöcher habt, super – steckt das Stöckchen zur Befestigung einfach dort hindurch. Wahrscheinlicher ist, dass ihr keine Schraubenlöcher vorfindet, dann benutzt einfach schmales Klebeband und wickelt es kreuzweise um den Ast und eine der Streben. Aufsteigen, losfahren, Krach machen ... Die Nachbarn freuen sich!

CHECK!

APFEL-TATTOOS

DAUER: ☆☆☆☆☆ **AHA-EFFEKT:** ☆☆☆☆☆

Schneidet aus nicht transparentem Klebeband eure Initialen oder ein Symbol, etwa ein Herz, aus und klebt die kleinen Kunstwerke auf einen noch unreifen Apfel am Baum. Jetzt heißt es warten: Wenn der Apfel reif ist, das Klebeband abziehen, schon habt ihr ein individuell „tätowiertes" Stück Obst!

UHH!

DER LABYRINTH-TRICK

DAUER: ☆☆☆☆☆ **KNIFFLIG:** ☆☆☆☆☆

Interessiert es dich, wie man todsicher aus einem einfach ge-
strickten Labyrinth wieder herauskommt? Ganz einfach: Man
entscheidet sich für eine Richtung (links oder rechts) und läuft
dann immer an der entsprechenden Wandseite entlang. Bei jeder
neuen Kreuzung oder Gabelung wieder die gewählte Richtung
einschlagen und in den Sackgassen einfach umdrehen, das war's.
Umwege über Umwege sind so zwar vorprogrammiert, aber am
Ende der Reise wartet der Ausgang.

MEGA-TIPP

Bei anspruchsvolleren Irrgärten gerät man mit diesem Trick
leider geradezu in eine Endlosschleife, sofern natürlich
nicht ausdrücklich der Designer von dieser Methode
beim späteren Besuch im Mais-Labyrinth abgesehen hat (z.B.
weil aus dem Fenster schauen oder lesen vermiedlichen
Tatwissen – allein schon die großen Distanzen wegen

CHECK!

ANTIKER WEITSPRUNG

DAUER: ★★☆ **MIT VIELEN KINDERN:** ★☆☆☆☆

Die alten Griechen hatten beim Weitsprung aus dem Stand eine tolle Methode, um die Weite zu steigern: die Arme mit einem großen Stein in jeder Hand untenrum hin- und herschwingen. Beim Absprung werden die Gewichte nach vorne und kurz vor der Landung wieder nach hinten gerissen. Das Ganze ist natürlich nicht ganz ungefährlich, aber auf weichem Sandboden allemal einen Versuch wert! Bitte unbedingt Abstand zu den Umstehenden halten.

CHECK!

DRACHEN STEIGEN LASSEN

DAUER: ★★★★★ **MIT VIELEN KINDERN:** ★★★★★

Ein Muss für alle Eltern, Widerstand zwecklos. Die einfachste Variante sind Einleinerdrachen, mit nur einer Leine und schon für Kinder ab ca. fünf Jahren geeignet. Einmal in der Luft, braucht man sie nicht mehr zu lenken und kann dem himmlischen Treiben relativ entspannt zusehen. Wo und wie bekommt man den Drachen aber nun am besten in die Luft? Suche dir mit deinem Kind eine große Wiese oder ein Feld. Achte auf ausreichend Abstand zu anderen Personen und Bäumen. Keinesfalls dürfen Strommasten, Hochspannungsleitungen, Straßen, Flughäfen oder Bahnschienen in der Nähe sein! Leichter Wind ist gut, zu starker Wind oder gar Sturm schlecht. Bei aufziehendem Gewitter sofort den Drachen einholen und ab nach Hause: *Safety first!* Passt alles, hält dein Kind die Spule mit der Schnur (am besten mit Handschuhen, damit die Schnur nicht einschneidet), du gehst mit dem Drachen 15–20 Meter weiter und hältst ihn, dem Wind zugewandt und mit gespannter Schnur, so in die Luft, dass der Drache von selbst an der Leine zieht. Dann loslassen, während das Kind leicht an der Leine zieht, und ab die Post! Um den Drachen zu lenken, von Zeit zu Zeit an der Leine ziehen; höher steigt er, wenn ihr etwas mehr Leine gebt, und um ihn abzusenken, die Leine einholen und sauber um die Spule wickeln.

TEE SELBER MACHEN

CHECK!

DAUER: ☆☆☆☆☆ **AHA-EFFEKT:** ☆☆☆

Eifrige Sammler können selber tolle Teemischungen kreieren. Erlaubt ist, was schmeckt: Pfefferminze, Kamille, Hagebutte, Zitronenmelisse, Rosmarin, Kornblumenblüten, Lindenblüten, Ringelblumen, Rosenblätter, Gänseblumenblüten, Brennnesselblätter, Brombeer- oder Himbeerblätter, Äpfel, Birnen, Kirschen, Erdbeeren... Kräuter mindestens drei Tage aufgehängt oder ausgebreitet an einem trockenen, dunklen, warmen Ort (z. B. in einem Schrank) trocknen, Früchte in kleinere Stückchen schneiden und ca. 5–8 Stunden bei 50 °C im Backofen dörren. Damit die Feuchtigkeit im Backofen entweichen kann, einen nicht brennbaren Löffel in die Ofentür klemmen – aber Achtung: Der Löffel wird heiß!
Zur Tea Time dann die getrockneten Kräuter mit 60–80 °C heißem Wasser aufgießen und den Tee ca. 10 Minuten ziehen lassen.

DAS A ZERSCHLAGEN
FÜR SECHS UND MEHR SPIELER

CHECK!

DAUER: ☆☆☆☆☆ **MIT VIELEN KINDERN:** ☆☆☆☆☆

Ein tolles Spiel fürs Zeltlager, den Kindergeburtstag im Wald und überall sonst, wo sich genügend Platz zum Suchen und Verstecken findet.
Teile die Kids in zwei Gruppen auf: Sucher und Verstecker. Die Sucher stellen drei Stöcke pyramidenförmig zu einem A auf, die Verstecker verstecken sich. Die Sucher bewachen nun das A bestmöglich, während sie die Verstecker suchen müssen. Wird ein Verstecker entdeckt, muss er sich unweit neben das A stellen, laut rufen, dass er gefunden wurde, und warten. Seine Gruppenmitglieder können ihn aus der „Gefangenschaft" befreien, indem sie das A mit einem Tritt zerschlagen. Während die Sucher das A wieder aufstellen, können sich die Verstecker neu verstecken. Wurden alle Verstecker gefangen, gibt es einen Rollentausch und das Spiel beginnt von vorne. Für die Kids wird vor allem eins wichtig sein: *Wo spielst du mit?*

CHECK!

DER VOLLE DURCHBLICK

DAUER: ★★ **AHA-EFFEKT:** ★★★

Rolle gemeinsam mit deinem Kind ein Blatt Papier zu einem schlanken „Fernrohr" zusammen. Schaut mit einem Auge hindurch und haltet eure freie Hand – neben dem Rohr – vor euer anderes Auge. Jetzt könnt ihr locker-flockig durch ein Loch in eurer Hand die Umgebung auskundschaften!

UHH!

CHECK!

NEUNMAL FALTEN

DAUER: ★★ **MIT VIELEN KINDERN:** ★★★★★

Wette mit den Kindern, dass sie es nicht schaffen, ein Blatt Papier mehr als neunmal zusammenzufalten? Klingt zwar simpel, ist aber de facto unmöglich – nach der achten Faltung müssten nämlich bereits 256 Lagen zu 512 Lagen zusammengefaltet werden. Dicker als die meisten Romane ... Und an alle Schlaumeier: Natürlich müssen die Faltungen das jeweilige Format immer brav halbieren; nebeneinander weg falten gilt nicht.

DOPPELT SCHÖN

CHECK!

DAUER: ★★ **AHA-EFFEKT:** ★★

Nimm eine Stecknadel und lass dein Kind mit ihr (im Abstand von rund 2 mm) zwei kleine Löcher in ein Blatt Papier piksen. Jetzt haltet euch das Papier dicht vor die Augen und betrachtet durch die Löcher hindurch die hochgehaltene Stecknadel. Besser gesagt: die Stecknadel und ihre Zwillingsschwester!

BALL IM TOR!

CHECK!

DAUER: ★ **AHA-EFFEKT:** ★★★

Die meisten Kinder werden mit dem Begriff Wembley-Tor nichts anfangen können. Macht aber nichts, denn wie sich zeigen wird, ist der hier gezeigte Fall eindeutig: Der Ball ist drin! Ungläubige Kinderaugen? Dann lass dein Kind eine Postkarte oder einen Briefumschlag senkrecht auf die gestrichelte Linie stellen und nähert euch von oben mit der Nasenspitze: *TOR!!!*

CHECK!

KRÄFTIG PUSTEN I

DAUER: ☆☆ **AHA-EFFEKT:** ☆☆☆

Bitte dein Kind, zwei Blätter Papier wie hier gezeigt parallel nebeneinander zu halten und kräftig dazwischen hindurch zu pusten. Überraschung: Je kräftiger man pustet, desto mehr gehen die Blätter zusammen, nicht auseinander!

CHECK!

KRÄFTIG PUSTEN II

DAUER: ☆☆ **AHA-EFFEKT:** ☆☆☆

Papierkügelchen können mitunter ganz schön aufmüpfig sein! Nehmt eine leere Flasche, legt ein besagtes Kügelchen in die Öffnung vom Flaschenhals und versucht, es in die Flasche hinein zu pusten. Viel Glück – es wird euch geradewegs entgegengeflogen kommen!

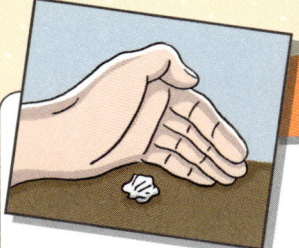

EINMAL KRÄFTIG SAUGEN

CHECK!

DAUER: ☆☆ **MIT VIELEN KINDERN:** ☆☆☆☆☆

Lass die Kids eine kleine Kugel aus Papier zusammenknüllen und auf einen glatten Tisch legen. *Wer schafft es, die Kugel zu sich heranzusaugen?* Alle Versuche bleiben erfolglos. Du zeigst dich gnädig und gibst Hilfestellung: *Haltet die hohle Hand hinter die Kugel!* Neue Versuche, wieder erfolglos. Erste Zweifel an deiner Integrität kommen auf. Also gut, du machst es vor.
Und tatsächlich, sie kommt zu dir gerollt! Der Trick dabei: Statt zu saugen, pustest du aus kurzer Distanz behutsam und etwas oberhalb der Kugel in deine Handfläche. Die Luft prallt von dort ab und drückt die Kugel in deine Richtung. Der Unterschied zwischen Saugen und Pusten ist kaum hörbar und wird keinem auffallen. Erst recht nicht, wenn du vorher etwas geübt hast und deine Wangen beim Pusten nicht aufbläst. Ob du allerdings mit dieser kleinen Lüge leben kannst, musst du selber wissen …

KNALLPAPIER BASTELN

CHECK!

DAUER: ☆☆ **ÜBUNGSSACHE:** ☆☆☆

BAM!

Aufgepustete Papiertüten zum Knallen bringen macht Spaß. Knallpapier auch! Sucht euch ein annähernd quadratisches, festes (aber nicht zu dickes) Stück Papier und faltet es wie hier gezeigt zusammen. Wenn ihr es jetzt am ungefalteten Ende festhaltet und eure Hand ruckartig nach unten schlagt, entfaltet sich das Papier mit einem schönen Knalleffekt!

ZAUBEREI MIT STIFT & PAPIER

SCHRECKSCHRAUBE

DAUER: ☆☆ **ÜBUNGSSACHE:** ☆☆☆

Schneidet aus einem DIN-A4-Blatt zwei rund 5 cm schmale Papier-streifen zurecht und rollt sie zu kleinen, festen Zylindern auf. Alternativ tun es auch zwei kurze Blei- oder Buntstifte. Bindet beide Zylinder mit einem doppelt oder dreifach gelegten Gummi-band zusammen und verdreht die Zylinder gegenläufig so lange, bis das Gummiband gut gespannt ist. Jetzt legt ihr die Vorrichtung unter ein schweres Buch oder sonst einen Gegenstand, den euer ahnungsloser Noch-Freund in Kürze hochheben wird. Sobald er das tut, löst er die Schreckschraube aus und wird sich ordentlich erschrecken.

UHH!

DER SPRINGENDE PUNKT

DAUER: ☆☆ **ÜBUNGSSACHE:** ☆☆☆

Bitte dein Kind, einen kleinen Bleistiftpunkt auf ein Blatt Papier zu malen. Dann soll es jeweils ein Auge zu machen und mit der Spitze seines Bleistifts den Punkt treffen. *Pfff ... was für Babys!??* Wahrscheinlicher ist, dass dein Kind mindestens drei Versuche benötigt!

DAS BLATT HAT SICH GEWENDET

CHECK!

DAUER: ☆ **AHA-EFFEKT:** ☆☆☆

Legt ein kleines Stück Papier unter ein großes und rollt beide gemeinsam um einen dünnen Stift. Fertig aufgerollt? Dann bitte wieder abrollen. Nanu? Die Papiere haben die Positionen getauscht – das große Stück liegt jetzt unten.

PAPIERPFEIFE I

CHECK!

DAUER: ☆☆ **ÜBUNGSSACHE:** ☆☆☆

Schneidet euch einen knapp ein Zentimeter breiten Papierstreifen zurecht, der mindestens so lang ist wie die ausgestreckte Hand deines Kindes. Lass dein Kind den Streifen wie hier gezeigt zwischen seine Handballen, Daumen und Zeigefingerspitzen klemmen. Er soll straff gespannt sein, wobei die Daumen nur relativ locker gegen das Papier drücken. Jetzt die Hände vor den Mund halten und kräftig zwischen den Daumenknöcheln hindurchpusten.

CHECK!

PAPIERPFEIFE II

DAUER: ★★☆ ÜBUNGSSACHE: ★★★

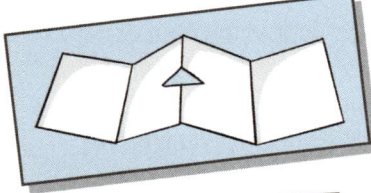

Schneidert aus einem DIN-A4- oder DIN-A5-Blatt einen Papierstreifen von 21 x 6 cm zurecht. Faltet ihn entlang der kurzen Seite mittig zusammen und schneidet an der Faltkante ein kleines Dreieck aus. Jetzt faltet ihr noch die Ober- und Unterseite des Blattes jeweils zur Mitte hin – fertig ist eure Pfeife. Lass dein Kind von hinten hineinpusten, die Seiten dabei eng zusammenhalten und ggf. etwas rumprobieren. Schon bald ertönt ein gellendes Pfeifkonzert, und die umstehenden Personen werden sich unweigerlich die Ohren zuhalten.

CHECK!

PAPIERLUPE

DAUER: ★ AHA-EFFEKT: ★★★

Die kleinste Lupe der Welt, gemacht in 10 Sekunden: Stecht mit einer Nadel ein Loch in ein Stück Papier, weitet das Loch noch ein klein wenig aus, fertig! Haltet die Lupe nahe an den Text (beispielsweise diese Buchseite) heran und lass dein Kind mit einem Auge durch das Loch schauen.

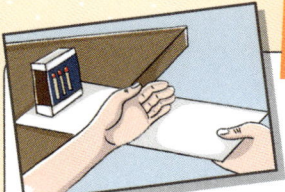

STAND- & SCHLAGFEST

CHECK!

DAUER: ☆☆ **ÜBUNGSSACHE:** ☆☆☆

Stellt einen Radiergummi oder eine Streichholzschachtel hochkant auf einen Streifen Papier und an eine Tischkante. Die Aufgabe: den Papierstreifen unter dem Gegenstand hervorzubekommen, ohne dass dieser umfällt. *Wie, das will nicht klappen?* Du kennst die Lösung und heimst allseitige Bewunderung ein: Den Papierstreifen mit der einen Hand leicht straff ziehen und mit der anderen Hand kurz und kräftig von oben draufschlagen.

ZAUBERTINTE

CHECK!

DAUER: ☆☆ **AHA-EFFEKT:** ☆☆☆☆

Geheime Botschaften auf Papier lassen sich mit verschiedenen Flüssigkeiten verfassen: Zitronensaft oder Milch ist wohl am bekanntesten. Es geht aber auch mit Orangen- oder Apfelsaft, Zwiebelsaft, Essig oder angedicktem Zucker-, Salz- oder Honigwasser.

Um die Schrift nach dem Trocknen lesbar zu machen, gibt es wiederum verschiedene Möglichkeiten: Man kann das Papier vorsichtig erhitzen (über einer Flamme, mit einem Bügeleisen, an einer Lampe oder im Backofen) oder es (im Dunkeln) unter UV-Licht halten.

MEGA-TIPP

Wer kennt sie noch, die gute alte Tintenkiller-Technik?

CHECK!

ZAUBERTINTE DE LUXE

DAUER: ☆☆ **AHA-EFFEKT:** ☆☆☆

Mache ein Blatt Papier mit Wasser nass und lege es auf eine harte, glatte Fläche, etwa auf die Schreibtischplatte. Lege ein zweites, trockenes Blatt Papier darüber und schreibe mit einem Bleistift deine Geheimbotschaft darauf. Den Bleistift fest, aber nicht zu fest aufdrücken. Auf dem unteren, noch feuchten Papier zeichnet sich die Durchschrift ab. Und sie wird noch besser lesbar, wenn du das Blatt gegen das Licht hältst! Nach dem Trocknen ist die Schrift verschwunden. Diese Variante ist zwar weitaus weniger alchemistisch als die zuvor erwähnten, dafür brauchst du keine speziellen Zutaten und kannst die Schrift jederzeit wieder hervorzaubern, indem du das Papier anfeuchtest.

CHECK!

RUBBELLOSE

DAUER: ☆☆ **ÜBUNGSSACHE:** ☆☆☆

Schon gewusst? Mit angedicktem Salzwasser kannst du mit deinem Kind zusammen prima Rubbellose für die nächste Geburtstagsparty kreieren. Vermischt in einem kleinen Glas ein wenig Wasser mit ganz viel Salz zu einer zähflüssigen „Tinte". Die Rückseite von einem Streichholz ist eure Schreibfeder – ihr müsst sie relativ häufig eintauchen, weil leider nicht sonderlich viel Flüssigkeit daran haften bleibt. Malt bzw. schreibt die Tombola-Preise und -Nieten auf kleine Zettel. Nach dem Trocknen könnt ihr die ggf. auf dem Papier verbliebenen Salzkörner mit der Hand abwischen. Eine starke Bleistift- oder Buntstiftschraffur macht das Gemalte wieder sichtbar.

DER VIELFRASS

CHECK!

DAUER: ☆☆☆☆☆ **AHA-EFFEKT:** ☆☆☆☆☆

Sonntagnachmittag im Wohnzimmer, die Langeweile hat um sich gegriffen. Das ist dein Moment! Zeichne einen Monsterkopf mit offenem Riesenmaul und spitzen Zähnen. Bist du Rechtshänder, sollte dein Kind dabei links von dir sitzen, bei Linkshändern umgekehrt. Dann verkündest du: *Siehst du dieses Monster? Das ist ein waschechter Vielfraß! Komm ihm nicht zu nahe – er frisst alles auf, was er zwischen die Zähne kriegt! Am liebsten Stifte ...* Kopfschütteln. *Doch nur keine Sorge! Ich werde ihm eine kleine Lektion erteilen, damit er dich in Ruhe lässt.* Das Kind verdreht die Augen.

Andererseits: Es kennt dich gut genug, um zu wissen, dass du immer für eine Überraschung gut bist. Also los: Du fixierst das Monster, wendest den Blick ab jetzt nicht mehr von ihm ab und krempelst die Ärmel hoch. Dann ballst du die Hand mit dem Stift darin zur Faust und führst sie

rund 10 cm über das Monster. Dabei zählst du laut: *Eins!* Jetzt führst du die Hand (auf der dem Kind abgewandten Seite) nach oben hinters Ohr, wieder nach unten über das Monster (so als machtest du einen langsamen Übungsschlag) und zählst weiter: *Zwei!* Die Hand wieder nach oben hinters Ohr, die Spannung steigt (du steckst dir den Stift heimlich hinters Ohr), und auf *Drei!* kracht deine Faust schlagartig auf das Monstermaul und schnellt sofort wieder nach oben. Du öffnest die Faust und schaust perplex: *Nanu? Wo ist mein Stift? Den hat sich doch nicht etwa der Vielfraß geschnappt?!* Du hebst das Blatt hoch, stehst auf und suchst auf dem Sofa. Bittest das staunende Kind, dir bei der Suche zu helfen. Der Stift bleibt verschwunden! In einem unbeobachteten Moment holst du ihn hinter dem Ohr hervor und lässt ihn verschwinden.

CHECK!

DECKENKONFETTI

DAUER: ☆☆☆ **ÜBUNGSSACHE:** ☆☆☆

Lass die Kids von einem sauberen Blatt Papier ein kleines Stückchen abreißen, sie sollen es gut durchkauen und mithilfe eines über die Tischkante gehaltenen, durchgebogenen Lineals in die Höhe schießen. Stück für Stück klebt auf diese Weise immer neues „Konfetti" an der Decke, vielleicht ja sogar ein Herz oder ein Smiley? Und keine Sorge wegen der Sauerei: Früher oder später lösen sich die Papierkügelchen und fallen wie echtes Konfetti zu Boden.

CHECK!

SPIEGELSCHRIFT

DAUER: ☆☆☆ **ÜBUNGSSACHE:** ☆☆☆

Bitte dein Kind – sofern es schon schreiben kann –, seinen Namen auf einen Zettel zu schreiben, den es sich währenddessen an die Stirn hält. Genial: Die meisten schreiben ihren Namen ganz automatisch rückwärts. In lupenreiner Spiegelschrift.

BRIEFÖFFNER ADE

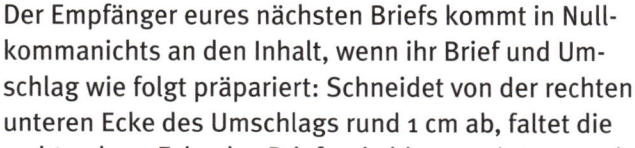

DAUER: ☆☆ **AHA-EFFEKT:** ☆☆☆

Der Empfänger eures nächsten Briefs kommt in Null-kommanichts an den Inhalt, wenn ihr Brief und Um-schlag wie folgt präpariert: Schneidet von der rechten unteren Ecke des Umschlags rund 1 cm ab, faltet die rechte obere Ecke des Briefs wie hier gezeigt um und steckt den Brief so in den Umschlag, dass die untere rechte Briefspitze aus der abgeschnittenen Umschlagecke ragt. Wenn der Empfänger jetzt einmal ruckartig an der Briefspitze zieht, öffnet sich der Umschlag, und er hat den Brief sofort in der Hand. Der klassische Brieföffner hat damit ausgedient.

DURCH EIN BLATT PAPIER STEIGEN

DAUER: ☆☆☆☆ **ÜBUNGSSACHE:** ☆☆

... ist eine deiner leichtesten Übungen! Postkartengröße reicht aus. Falte das Papier in der Mitte und schneide es wie hier gezeigt entlang der gestrichel-ten Linie ein. Dann schneide das gefaltete Papier noch einige Male abwechselnd von rechts und von links ein, ziehe es vorsichtig auseinander und steige lässig hindurch. So, wer von den Kids traut sich als Erster und steigt durch das Papier, ohne es zu zerreißen?

CHECK!

ZEITUNGS-ZAUBER

DAUER: ☆☆☆☆ **ÜBUNGSSACHE:** ☆☆☆

Schneide aus einem Blatt Zeitungspapier drei lange Streifen von jeweils rund 6 cm Breite zurecht. Verklebe die Streifen wie hier gezeigt zu drei unterschiedlichen Ringen – der Streifen des ersten Rings wird nicht gedreht, der des zweiten Rings bekommt eine halbe Drehung, der des dritten Rings bekommt eine ganze Drehung. *Was denkt ihr, passiert, wenn wir die Ringe nun jeweils der Länge nach mittig durchschneiden?* Ob dein Kind richtig rät? Beim ersten Ring ist der Fall noch ziemlich klar: Aus einem Ring werden zwei. Beim zweiten Ring die erste große Überraschung: Ihr bekommt einen extralangen Ring. Und beim dritten Ring dann die zweite große Überraschung: Ihr bekommt zwei ineinander hängende Ringe!

CHECK!

KNÜLLER-TRUPPE

CRASH!

DAUER: ☆☆☆ **ÜBUNGSSACHE:** ☆☆☆

Dein Kind möge sich eine Doppelseite aus einer ausrangierten Tageszeitung schnappen, sie an einer Ecke anfassen und versuchen, das Papier mit nur einer Hand komplett zusammenzuknüllen. Gar nicht so leicht, oder? Erwachsene sind mit ihren größeren Händen klar im Vorteil, darum sollen sie das zusammengeknüllte Papier obendrein mit der Faust umschließen.

FLIEGENDER FISCH

CHECK!

DAUER: ☆☆ ÜBUNGSSACHE: ☆☆☆

Lass jedes Kind aus einem DIN-A4-Blatt längsseitig einen ca. 3,5 cm breiten Papierstreifen zurecht-schneiden. Die Enden wie hier gezeigt einschlitzen und ineinanderstecken. Drückt die Wölbung im vorderen Bereich noch ein bisschen zusammen, um die Form des Fisches zu bekommen. Los geht's: Hochwerfen und zusehen, wie der Flieger – mit beachtlicher Geschwindigkeit um seine Längsachse kreiselnd – zu Boden sinkt.

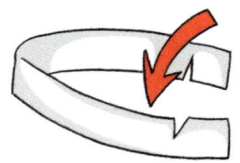

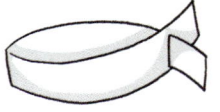

HUBSCHRAUBER

CHECK!

DAUER: ☆☆☆ ÜBUNGSSACHE: ☆☆☆

UHH!

Schneidet euch aus einem DIN-A4-Blatt querseitig einen ca. 8 cm breiten Papierstreifen zurecht. Schlitzt in ihn von oben etwa 9 cm tief ein (für die Rotorblätter) und schneidet die unten Ecken wie hier gezeigt großzügig weg. Die Rotorblätter faltet ihr in entgegengesetz-te Richtungen nach unten. An die untere Spitze steckt ihr eine Büroklammer. Den Flieger aus guter Höhe fallen lassen (beispielswei-se auf einem Stuhl stehend oder vom oberen Treppenende aus) und zusehen, wie er majestätisch kreiselnd und relativ gemächlich zu Boden sinkt.

CHECK!

DER STIFT ENTSCHEIDET!

DAUER: ★★☆ ÜBUNGSSACHE: ★★★

Die meisten Blei- und Buntstifte sind sechseckig. Insofern: Wer braucht schon einen Würfel, wenn er einen Stift zur Hand hat? Markiere die Seitenflächen mit (Augen-)Zahlen oder möglichen Antworten auf dringende Fragen. Der Stift entscheidet ...

CHECK!

STIFTESCHNAPPEN
FÜR BELIEBIG VIELE SPIELER

DAUER: ★★★★ MIT VIELEN KINDERN: ★★★★★

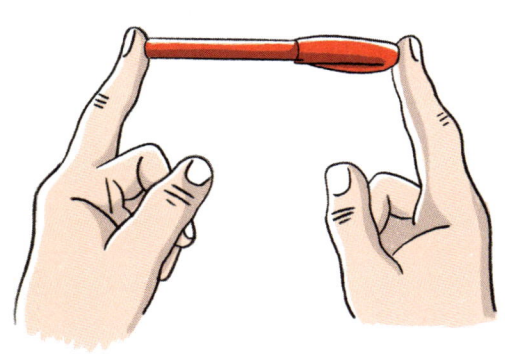

Ein munteres und kurzweiliges Spielchen für zwischendurch: Lass das Kind einen Stift wie hier gezeigt zwischen den nach oben gerichteten Zeigefingern halten. Jetzt soll es den Stift loslassen und ihn mit einer Hand wieder auffangen, bevor er den Boden erreicht. Hochwerfen gilt nicht! Sobald es den Dreh raus hat, kann es die Fanghand wechseln. Und natürlich dürft ihr euer Können auch mit zwei, drei oder noch mehr Stiften auf einmal beweisen ...

PAPIERSCHNAPPEN
FÜR BELIEBIG VIELE SPIELER

CHECK!

DAUER: ★★★ **KNIFFLIG:** ★★★

Vom Stifteschnappen zum Papierschnappen: Nehmt ein ungefaltetes Blatt Papier in beliebiger Größe (bis DIN A4) und haltet es zwischen Daumen und Zeigefinger in die Höhe. Jetzt loslassen und mit Daumen und Zeigefinger wieder auffangen. Das Papier darf während des Falls nichts weiter berühren als eure beiden Finger. Eine ganz schön wuselige Aufgabe ...

EINEN PAPIERTURM BAUEN
FÜR BELIEBIG VIELE SPIELER

CHECK!

DAUER: ★★★ **ÜBUNGSSACHE:** ★★★

Mit dieser Leichtbauweise verblüffst du nicht nur Kinder, sondern auch jeden Architekten: Fische dir einen Stapel alter Blätter aus der Papiertonne und falte sie zusammen mit den Kids jeweils einmal vor und wieder zurück – ähnlich einer Ziehharmonika. Zwei oder mehrere solcher „Bauelemente" aufrecht nebeneinandergestellt, ergeben ein Stockwerk. Als Zwischendecke legt ihr jeweils ein ungefaltetes Blatt Papier oben auf. Schafft es jemand, den Turm bis hoch zur Zimmerdecke zu bauen?!

TISCHFUSSBALL
FÜR ZWEI SPIELER

DAUER: ★☆☆☆☆ **KNIFFLIG:** ★★☆

1

Schneide mit deinem Kind zusammen ein DIN-A5-Blatt wie hier gezeigt in zwei Teile. Faltet die beiden Hälften horizontal zusammen und schneidet die Torrahmen zurecht. Aus den beiden noch übrigen Papierstücken knüllt ihr jeweils einen Fußball (einer zum Spielen, einer als Reserve). Stellt die Tore mit rund 40 cm Abstand auf dem Tisch auf. Der Startspieler legt den Ball kurz vor die eigene Strafraumgrenze und schnippt den Ball mit dem Zeigefinger in Richtung des gegnerischen Tors. Der andere Spieler versucht, den Schuss abzuwehren. Dafür darf er allerdings nur seinen senkrecht auf die Tischplatte gestellten Zeigefinger innerhalb des eigenen Strafraums benutzen. Nach jedem Schuss wechseln die Spieler die Rollen. Wer zuerst eine vorher vereinbarte Menge an Toren geschossen hat, gewinnt das Spiel.

2

3

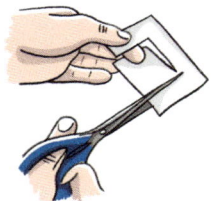

4

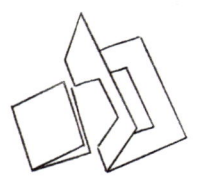

5

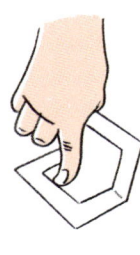

SATZ OHNE E SCHREIBEN
FÜR BELIEBIG VIELE SPIELER

CHECK!

DAUER: ☆☆☆☆ **MIT VIELEN KINDERN:** ☆☆☆☆☆

Aufnahmeprüfung für angehende Schriftsteller: Lass jedes Kind einen (sinnvollen) Satz mit mindestens sechs Wörtern zu Papier bringen, in dem kein einziges Mal der Buchstabe *E* vorkommt. Und wenn die Kids das gemeistert haben, schaffen sie vielleicht sogar ein kleines Gedicht? Eine weitere Variante dieses E-losen Spielchens kommt ohne Stift und Papier aus: Die erste Person beginnt den Satz mit einem Wort, die zweite Person sagt das nächste Wort usw., bis der Satz vollständig ist. *Ha, gar nicht so einfach!*

FÜNF IN EINER REIHE
FÜR ZWEI SPIELER

CHECK!

DAUER: ☆☆☆☆☆ **KNIFFLIG:** ☆☆☆

Ein weiteres tolles Strategiespiel für zwei Spieler ist Fünf in einer Reihe. Ihr braucht ein Blatt Karopapier und zwei Bleistifte/Kugelschreiber. Du und dein Kind markieren abwechselnd jeweils ein Kästchen mit euren Symbolen (beispielsweise du mit Kreisen und dein Kind mit Kreuzen). Gewinner ist, wer als Erster fünf seiner Symbole in einer horizontalen, vertikalen oder diagonalen Reihe (ohne Unterbrechung!) anordnen kann.

CHECK!

KÄSEKÄSTCHEN
FÜR ZWEI SPIELER

UNH!

DAUER: ☆☆☆☆☆ **KNIFFLIG:** ☆☆☆

Es gibt etliche tolle Spiele, für die man nichts weiter braucht als Stift, Papier und nette Mitspieler: Tic Tac Toe, Schiffe versenken, Galgenraten, Geschichten schreiben, Montagsmaler, Blind Zeichnen, Wer bin ich, Vier gewinnt oder Stadt-Land-Fluss ... um nur einige zu nennen. Wie wär's mit dem guten alten Zwei-Spieler-Spiel Käsekästchen? Zeichne auf einem Blatt Karopapier entlang der Linien ein Spielfeld in beliebiger Form ein – je größer es ist, desto länger dauert das Spiel. Innerhalb des Spielfelds zeichnen dein Kind und du nun abwechselnd einen Strich zwischen zwei Kästchen nach. Wer bei einem Kästchen den letzten Strich macht und es damit vollständig umschließt, darf sein Zeichen (x bzw. o) eintragen und ist noch mal an der Reihe. Es gewinnt der Spieler, der am Ende (nachdem die letzte freie Linie im Spielfeld nachgezeichnet ist) die meisten Kästchen für sich beanspruchen konnte.

CHECK!

QUADRAT-PUZZLES

DAUER: ☆☆ **KNIFFLIG:** ☆☆☆

Kommt dir die eine oder andere hier gezeigte Puzzle-Vorlage noch aus deiner Kindheit bekannt vor? Sehr gut, dann ist jetzt der Zeitpunkt gekommen, deine Erfahrungen an die nächste Generation weiterzugeben: Schneide ein Papp-Quadrat aus und zerstückle es der gewünschten Vorlage entsprechend. *So, mein Kind, viel Spaß beim Knobeln!*

WÖRTERKREUZEN I
FÜR ZWEI BIS DREI SPIELER

CHECK!

DAUER: ★★★★★ **KNIFFLIG:** ★★★★

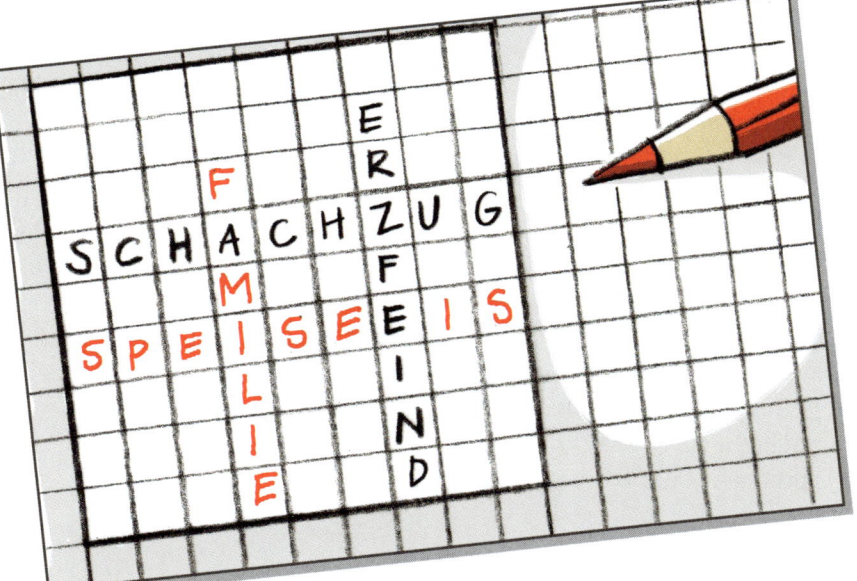

Zeichnet auf einem Blatt Karopapier ein Spielfeld von 9 x 9 Feldern (zwei Spieler) oder 11 x 11 Feldern (drei Spieler) ein. Die Spieler bekommen Stifte in unterschiedlichen Farben. Der Startspieler zeichnet an beliebiger Stelle horizontal oder vertikal ein beliebiges Wort mit mindestens drei und maximal neun bzw. elf Buchstaben ein. Für jeden Buchstaben bekommt er einen Punkt. Das Wort, das der Folgespieler einträgt, muss an mindestens einer Stelle mit den bereits auf dem Spielfeld stehenden Buchstaben in Verbindung stehen (Kreuzworträtselprinzip). Für jeden neuen Buchstaben (in eigener Farbe) bekommt er ebenfalls einen Punkt. Das Spiel endet, sobald kein Spieler mehr ein neues Wort eintragen kann. Der Spieler mit den meisten Punkten gewinnt die Spielrunde.

CHECK!

WÖRTERKREUZEN II
FÜR BELIEBIG VIELE SPIELER

DAUER: ☆☆☆☆☆ **KNIFFLIG:** ☆☆☆☆☆

Gib den Kindern Zettel und Stift und malt euch jeweils ein 5 x 5 Felder großes Raster auf. Der Startspieler ruft einen beliebigen Buchstaben aus, den alle Spieler (auch er selbst) in ein beliebiges eigenes Rasterfeld eintragen. Reihum rufen die Spieler nun so lange weitere Buchstaben aus und tragen sie ein, bis die 25 Rasterfelder voll sind. Beim Eintragen der Buchstaben ist Köpfchen gefragt, denn für jedes horizontal oder vertikal stehende Wort (mit mindestens drei Buchstaben) erhalten die Spieler Punkte entsprechend der Anzahl seiner Buchstaben. Wörter mit fünf Buchstaben werden mit einem Zusatzpunkt belohnt. Der Spieler mit den meisten Punkten gewinnt die Spielrunde.

WORTFÜCHSE
FÜR BELIEBIG VIELE SPIELER

CHECK!

DAUER: ★☆☆☆☆ **KNIFFLIG:** ★☆☆☆☆

Schneidet euch aus einem Stück Pappe 60 kleine Quadrate zurecht und schreibt auf jedes von ihnen einen Buchstaben – zweimal das komplette Alphabet (von A–Z, 2 x 26 Buchstaben), eine Extraportion Vokale (je einmal A, E, I, O, U), eine Sonderportion Umlaute (je einmal Ä, Ö, Ü). Die Kärtchen kommen in ein Säckchen und werden gut gemischt.

Jeder Spieler bekommt Zettel und Stift, dann geht's los: Es werden zehn Kärtchen gezogen und offen in die Mitte zwischen die Spieler gelegt. Innerhalb einer vereinbarten Zeit (z.B. 60 oder 90 Sek.) versucht jeder Spieler, aus den Buchstaben ein möglichst langes Wort auf seinem Zettel zu notieren. Im Anschluss bekommt jeder Spieler einen Punkt für jeden Buchstaben in seinem Wort. Es gewinnt, wer nach der vereinbarten Zahl an Spielrunden die meisten Punkte sammeln konnte.

MEGA-TIPP

Als Variante kannst du anstatt der Länge des Wortes auch die Menge der unüblichen Wörter als Zählweise aussuchen. Bei der Wertung werden zwei Worte mehrerer Spieler gestrichen. Habt ihr also ein unübliches Wort gefunden, das kein anderer auch hat, dann belohne das Wort pro Buchstaben mit einem Punkt.

CHECK!

TISCHTENNISBALL HÜPFEN LASSEN

DAUER: ☆ **ÜBUNGSSACHE:** ☆☆

Stelle zwei Gläser nebeneinander – am spektakulärsten wird es mit Sektgläsern. In eines der beiden kommt ein Tischtennisball. Nun sollen die lieben Kinderlein den Ball ins andere Glas befördern, ohne ihn, das Glas oder den Tisch zu berühren. Die Lösung: einmal kräftig in das Glas mit dem Ball hineinpusten, so dass der Ball hinaus und rüber ins andere Glas hüpft. Das richtige Pusten erfordert etwas Übung.

CHECK!

TISCHTENNISBALL IM GLAS

DAUER: ☆☆ **KNIFFLIG:** ☆☆

Lege einen Tischtennisball auf den Tisch und stülpe ein breites Glas darüber, das nach oben hin enger wird, beispielsweise ein Weinglas. Keine zu dünnwandigen Gläser verwenden, die könnten brechen. Dein Kind soll nun den Ball ins Glas befördern, ohne zu pusten und ohne ihn oder den Tisch mit den Händen bzw. dem Körper zu berühren. Die Lösung: Das Glas muss in schnellen, kreisenden Bewegungen geführt werden. Der Ball wird daraufhin die Glaswand hochwandern und ihr könnt das Glas mit einer geübten Bewegung umdrehen. Mit einer Murmel geht das noch besser.

TISCHTENNISBALL IN DER SCHWEBE

DAUER: ★★★ **MIT VIELEN KINDERN:** ★★★

Jetzt wird's heiß! Stöpselt den Föhn ein und lasst ihn ordentlich nach oben pusten. In den Luftstrom setzt ihr jetzt einen Tischtennisball hinein und siehe da: Er schwebt auf magische Art und Weise in der Luft!

Lust auf eine Challenge? Dann los: Wer kann den Föhn am schrägsten halten, ohne dass der Ball aus dem Luftstrom gerät und zu Boden fällt?

Und wer schafft es, den Ball mit einem Strohhalm statt Föhn in der Luft zu halten? Nehmt dazu jeder ein Strohhalm mit Knick, pustet kräftig ins lange Ende hinein und versucht, den Ball auf dem kurzen Ende in der Luft zu halten.

Ist gar nicht so einfach – aber auch gar nicht so schwer!

MEGA-TIPP

Um das Kontrollieren mit dem Luftzug des Föhns schwieriger zu machen,

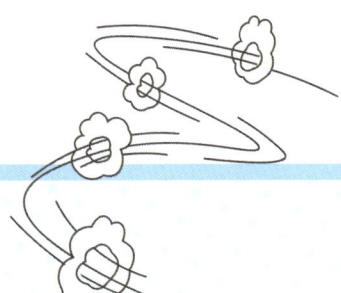

FANG DEN BALL

DAUER: ☆☆ **MIT VIELEN KINDERN:** ☆☆☆☆

Wirf einen Tischtennisball aus der Hand locker in Richtung des Oberarms. Sobald der Ball die Hand verlassen hat, straffst du den Arm ruckartig, damit der Ball vom Oberarm abprallt und so zurückspringt, dass du ihn mit der Wurfhand wieder auffangen kannst. Und jetzt sind die Kids dran: Wer fängt den Ball am häufigsten hintereinander?

ZAUBERHAFTE BALLWANDERUNG

DAUER: ☆☆ **MIT VIELEN KINDERN:** ☆☆☆

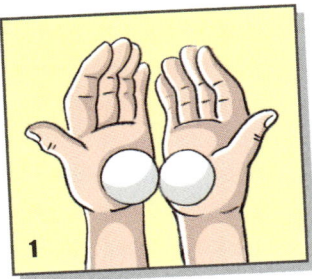

Klemme dir zwei Tischtennisbälle unten zwischen deine Handflächen, so dass sich nur die Bälle berühren, nicht die Hände.

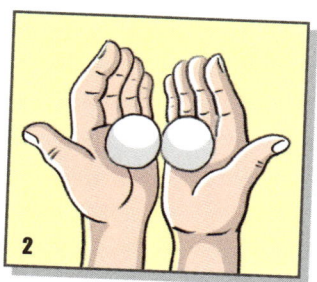

Jetzt lass die Bälle nebeneinander her bis hoch zu den Fingerspitzen rollen.

Wenn's funktioniert, sieht das ziemlich funky aus! Der Weg zurück ist nicht ganz so einfach, aber auch machbar.

CHECK!

TISCHTENNISBÄLLE KREISEN LASSEN

DAUER: ☆ **ÜBUNGSSACHE:** ☆☆☆

Wer kennt noch die Qi-Gong-Kugeln, die in den 1990er-Jahren wie wild in den Händen gekreist wurden? Tischtennisbälle erzeugen zwar nicht solche angenehmen Töne und sind kleiner und leichter, aber die Drehübung lässt sich auch mit ihnen gut veranstalten: Lege je zwei Tischtennisbälle in die Handflächen und lasse sie umeinander herum kreisen, ohne dass sie sich berühren. Fingerfertigkeit ist das A und O! Sobald das flüssig klappt, erhöhe das Tempo und/oder wechsle die Richtung. Und sobald auch das gemeistert ist, nimm zusätzlich zwei Tischtennisbälle in die andere Hand und lass das Spielchen parallel ablaufen.

MEGA-TIPP

Perfekt fürs Muskeltraining:

CHECK!

BALL IN BALANCE

DAUER: ☆☆☆ **KNIFFLIG:** ☆☆

Führe eine dünne, rund 4 Meter lange Schnur (bspw. Packschnur, Wollfaden oder Nylonschnur) um die Klinke einer geschlossenen Tür. Die beiden losen Schnurenden drückst du deinem Kind in die Hand und bittest es, die Fäden parallel zu halten und leicht straff zu ziehen, während du dazwischen einen Tischtennisball auf die Schnüre setzt. Jetzt ist die Geschicklichkeit deines Kindes gefragt: Der Ball soll hin und her rollen, ohne runterzufallen. Wenn das klappt, könnt ihr einen Topf auf dem Boden platzieren, in den dein Kind den Ball hineinfallen lassen soll.

MAGISCHE BALL-ANZIEHUNGSKRAFT

CHECK!

DAUER: ☆ **AHA-EFFEKT:** ☆☆

Befestigt einen dünnen Faden mit Hilfe eines Klebestreifens an einem Tischtennisball. Haltet dann das lose Ende des Fadens fest und führt den Ball in einen Wasserhahnstrahl hinein. *Na so was?!* Er wird wie magnetisch vom Wasser umflossen und das kühle Nass würde ihn am liebsten gar nicht mehr rausrücken! Hier kommt übrigens der sogenannte Coandă- bzw. Bernoulli-Effekt zum Tragen: Der Wasserstrahl neigt dazu, an der konvexen Oberfläche des Balls entlangzulaufen und ihn in der dadurch entstehenden Strömung „festzuhalten". Klingt komisch, ist aber so!

BALL IM MITTELPUNKT

CHECK!

DAUER: ☆☆ **AHA-EFFEKT:** ☆☆☆

Überreiche deinem Kind ein leeres, relativ breites Glas und einen Tischtennisball. Die Aufgabe: Es soll das Glas mit Wasser füllen und den Ball darin schwimmen lassen, ohne dass er den Rand berührt. Tricks wie pusten, den Ball anschubsen oder das Glas bewegen sind nicht erlaubt! Es scheint zum Verzweifeln: Der Ball wandert ständig aufs Neue an den Glasrand ... *Was nun*? Ganz einfach: Das Glas muss komplett gefüllt sein – so voll, dass sich das Wasser bereits über den Rand wölbt. Dann den Ball behutsam zu Wasser lassen und er wird sich genau anders herum verhalten, nämlich ständig die Mitte des Glases suchen! Warum das so ist? Da bin ich leider selber etwas überfragt. Hat irgendwas mit der Oberflächenspannung und dem konkaven bzw. konvexen Kontaktwinkel des Wassers zu tun. Vielleicht weiß ja der Physiklehrer mehr?

CHECK!

PUSTE-TISCHTENNIS
FÜR ZWEI BIS VIER SPIELER

DAUER: ☆☆ **MIT VIELEN KINDERN:** ☆☆☆☆

IHR BRAUCHT eine Tisch- oder eine Tischtennisplatte; einen Tischtennisball; Baumaterial für Tore und Banden; Strohhalme; einen Schlüsselring.

Nehmt das Netz der Tischtennisplatte ab oder räumt einen Tisch frei und stellt ihn mittig in den Raum. Mit Bauklötzen, leeren Plastikbechern oder leeren Dosen markiert ihr an den schmalen Tischenden jeweils ein Tor. Eine Bande aus Büchern oder Holzlatten rings um den Tisch erhöht den Spielspaß. Der Tischtennisball wird in die Mitte des Tisches gelegt. Ein Schlüsselring hilft, den Ball in Position zu halten. Zu guter Letzt bekommt jeder Spieler einen Strohhalm. Dann geht's los: Auf ein Kommando hin versuchen die Spieler, den Tischtennisball mit dem Strohhalm in das gegnerische Tor zu pusten. Der Ball darf natürlich nicht berührt werden, weder mit den Händen noch mit dem Strohhalm!

CHECK!

FADEN-FAKIR

DAUER: ☆ **AHA-EFFEKT:** ☆☆

Nehmt einen Wollfaden, zieht davon ein dünneres Fädchen ab und befestigt es an einem Ende mit Klebeband am Boden. Dann den Luftballon am Pullover reiben und über das lose Ende halten: Der Faden wird angezogen. Wenn der Ballon nun langsam nach oben bewegt wird, steht der Faden gerade in der Luft! Der Ballon darf übrigens den Faden nicht berühren und der Faden darf nicht zu dick oder zu lang sein.

EINEN FUSSBALL AUFHEBEN

DAUER: ★★★ **ÜBUNGSSACHE:** ★★★★★

Wohl häufiger als auf dem Tennisplatz finden wir Väter uns auf dem Bolzplatz wieder, und auch hier sollte man als Super-Papa glänzen können. Fangen wir klein an: mit zwei Möglichkeiten, den Ball aufzuheben.

Variante 1 sieht man quasi überall, sie gehört also zum Grundrepertoire, um nicht unangenehm aufzufallen: Der Ball liegt ca. zwei Fußlängen vor dem Körper und die Schuhsohle des stärkeren Fußes drückt sanft auf dem Ball. Dann wird der Fuß mit einer kurzen, schnellen Bewegung nach hinten gezogen (wodurch der Ball nach hinten rollt) und die Fußspitze hinter dem Ball auf den Boden gesetzt. Der Ball rollt nun eigenständig auf die Fußspitze, die es wiederum gilt, im richtigen Moment nach oben zu ziehen, sodass der Ball mit hoch kommt. Jetzt noch ein bis zwei leichte Tritte unter den Ball, und schon könnt ihr ihn lässig in die Hand nehmen. Variante 2 sieht man vergleichsweise selten – zumindest habe ich sie selbst erst letzten Sommer von einem Freund gezeigt bekommen. Die Spitze des schwächeren Fußes befindet sich knapp hinter dem Ball. Dann wird der Ball mit der Hacke des stärkeren Fußes so nach hinten bugsiert, dass er über den schwächeren Fuß nach oben rollt und dort vom Schienbein wieder leicht in Richtung des stärkeren Fußes abprallt. Jetzt rasch noch den stärkeren Fuß unter den Ball gebracht und ein, zwei Tritte nach oben ausgeführt, schon ist der Ball in der Luft. Mit ein wenig Übung klappt diese Methode überraschend gut!

MEGA-TIPP

Wenn das mit dem Aufheben noch nicht so gut klappt, [unleserlich] [unleserlich] [unleserlich] [unleserlich] [unleserlich]

CHECK!

EINEN FUSSBALL NICHT AUFHEBEN

DAUER: ☆ **PEINLICH:** ☆☆☆☆☆

Wer sich gerne ab und zu zum Affen macht, kann das natürlich auch gut beim Fußballspielen tun, nämlich als glückloser Balljunge. Gehe auf den Ball zu, bücke dich und tue so, als ob du ihn aufheben möchtest. Jedes Mal, wenn deine Finger fast am Ball sind, führt der vorangestellte Fuß unbemerkt einen kleinen Tritt gegen den Ball, der daraufhin nach vorne rollt. *Verflixt!* Größere Kinder mögen mitunter peinlich berührt mit den Augen rollen, aber die Kleinen werden sich garantiert vor Lachen kugeln. Der Trick geht natürlich auch mit Dosen oder anderen Gegenständen. Kleine Kinder, die gerade ihre ersten Erfahrungen mit größeren Bällen machen, „beherrschen" diesen Trick übrigens bis zur absoluten Perfektion!

CHECK!

DER BILLARD-MEISTER

WOW-EFFEKT: ☆☆☆ **PEINLICH** ☆☆☆

Billard ist cool, aber was, wenn du es nicht kannst?! Glänze mit einfachen Mitteln! Jeder Profi kreidet ja zuerst die Spitze seines Queues ein. Bei dieser Cowboy-Variante stellst du den Queue mit der Spitze nach oben zwischen die Schuhe und setzt das Kreidestück mit einer Hand oben auf die Spitze. Dieselbe Hand stabilisiert den Queue. Letzteren drehst du mit einem Schuh so hin und her, dass sich die Spitze scheinbar von alleine einkreidet. *Ganz schön cool!*

Um eine Kugel in einem schier aussichtslosen Winkel von fast 90° entlang der Bande einzulochen – was früher oder später erforderlich sein wird –, legst du (unerlaubterweise) einen zweiten Queue mit der Spitze in Richtung der anvisierten Tasche an der Bande entlang: Die auftreffende Kugel kann so nicht mehr abprallen, sondern kullert zielsicher am Queue entlang Richtung Tasche.

LUFTBALLONFUSSBALL & -TENNIS

CHECK!

DAUER: ☆☆☆ **MIT VIELEN KINDERN:** ☆☆☆☆☆

Luftballons sind toll: Mit ihnen könnt ihr in der Wohnung nach Herzenslust Fußball spielen oder auch Tennis (mit den Armen als Schläger), ohne etwas kaputt zu schießen. Und schon lädt das zur nächsten Herausforderung ein: Wie oft könnt ihr euch den Ballon mit den Händen oder den Füßen zuschießen, ohne dass er den Boden berührt? Und wie oft schafft ihr das mit zwei oder sogar drei Ballons gleichzeitig?

MEGA-TIPP

Erhöhe den Schwierigkeitsgrad für deine Kinder

LUFTBALLON UNTER DER DECKE

CHECK!

DAUER: ☆☆ **AHA-EFFEKT:** ☆☆

Bitte dein Kind, einen Luftballon an die Decke zu hängen – ohne Leiter oder Schnur natürlich. *Klar, Papa, sonst noch was?* Wenn es das für unmöglich hält, machst du es vor: Reibe den Ballon heimlich eine Weile an deinem Pullover und werfe ihn hoch. Schwupp, schon hängt er oben! Oder an der Wand. Oder sonstwo. Und dann verrätst du natürlich die Lösung: Der Ballon wurde durch das Reiben mit statischer Elektrizität aufgeladen. Früher oder später lässt die Aufladung nach und er kommt brav zu euch zurück.

CHECK!

DIE HAARE ZU BERGE STEHEN LASSEN

DAUER: ☆ **AHA-EFFEKT:** ☆☆

MEGA-TIPP

Mit Essen spielt man nicht, aber [unleserlich]

Ein weiterer schöner Einsatz-
zweck eines Luftballons, den du
an deinem Pullover gerieben hast:
Du kannst die Haare deines
Kindes zu Berge stehen lassen!
Halte den Ballon dazu in geringem
Abstand über die Haare.

CHECK!

EINEN TENNISBALL AUFHEBEN

UHH!

DAUER: ☆☆☆ **ÜBUNGSSACHE:** ☆☆☆☆☆

Um sich auf dem Tennisplatz zumindest ein paar Performance-Punkte zu
sichern, eignet sich ein Trick zum
Aufheben des Balles. Bekannt ist ja
das Prell-Aufheben, bei dem man dem
Ball am Boden einen schwungvoll
federnden Schlag von oben verpasst,
woraufhin er leicht hoch hüpft; mit
weiteren, kurzen Prellschlägen wird er
soweit hoch bugsiert, dass man ihn
entspannt greifen kann. Eine andere
Möglichkeit ist es, die Schlagfläche
des Schlägers von oben auf den Ball zu
legen und den Schläger dann zurück-
zuziehen; dabei rollt der Ball nach
hinten und man schiebt den Schläger
mit einer schnellen Bewegung nach
vorne unter. Wer den Rücken schonen
möchte, stellt den Fuß bzw. Schuh der
Schlagarmseite mit der Außenseite
neben den Ball und klemmt diesen mit
der Spitze des Schlägers zwischen Fuß
und Schlagfläche ein. Nun Schläger
und Fuß gleichzeitig nach oben ziehen
– der Ball wandert mit. Fuß absenken,
noch einen kurzen Prellschlag auf den
Ball geben, und schon könnt ihr ihn
greifen, ohne euch gebückt zu haben.
Und jetzt soll das der Nachwuchs mal
nachmachen!

TANZ-BALLON

CHECK!

DAUER: ☆ **AHA-EFFEKT:** ☆☆

Pustet zwei Luftballons auf und knotet sie zu. Den einen bindet ihr mit einer Schnur unter die Decke oder in den Türrahmen und ladet ihn an eurem Pullover statisch auf. Wenn ihr jetzt den zweiten, nicht statisch geladenen Ballon in die Nähe des ersten haltet, wird der erste Ballon ein ordentliches Tänzchen hinlegen!

BALLON-RAKETE I

CHECK!

DAUER: ☆ **LAUT:** ☆☆☆

Einen Luftballon aufpusten und loslassen, schon zischt er wie wild durch die Luft! Klar, kennt man. Kleine Kinder sind zunächst erschrocken, aber

dann lieben sie es. Um größere Kinder zu beeindrucken, musst du allerdings schwerere Geschütze auffahren: Klemme den aufgepusteten Ballon so zwischen Tür und Türschloss, dass die Luft nicht entweichen kann. Der Nächste, der die Tür aufmacht, startet unfreiwillig und völlig überraschend die Rakete! Aber bitte aufpassen, dass es nicht Mama ist, die gerade etwas trägt...

MEGA-TIPP

Damit die Ballon-Rakete auch noch

CHECK!

BALLON-RAKETE II

DAUER: ★★★ **AHA-EFFEKT:** ★★☆

Die zuvor genannte Ballon-Rakete ist pfeilschnell und unberechenbar, diese hier ist auch pfeilschnell, aber zielgerichtet. Nehmt einen länglichen Ballon, der noch nicht aufgepustet ist, und befestigt mit Klebeband längsseitig einen kurzen Strohhalm daran. Durch den Strohhalm fädelt ihr eine lange, glatte Schnur, die ihr einmal quer durch den Raum oder den Flur entlang spannt. Jetzt den Ballon aufpusten, loslassen, und ab geht die Post!

CHECK!

QUIETSCH- & PFEIFKONZERT

DAUER: ★ **LAUT:** ★★

Unersetzliches Allgemeinwissen: Wenn man bei einem aufgepusteten Luftballon das Mundstück straff auseinanderzieht, dann quietscht es, was das Zeug hält! Je nachdem, wie stark man es straffzieht, kann man richtiggehend damit musizieren. Weniger bekannt und noch beeindruckender ist es, auf einem nicht aufgepusteten Ballon zu pfeifen. So geht's: Ziehe das Mundstück des Ballons in die Länge und klemme es wie hier gezeigt straff zwischen die Daumenknöchel. Jetzt die Hände vor den Mund halten und kräftig durch die Knöchel pusten. Die Technik ist dieselbe wie beim Pfeifen auf einem Grashalm oder bei der Papierpfeife (S. 46, 71).

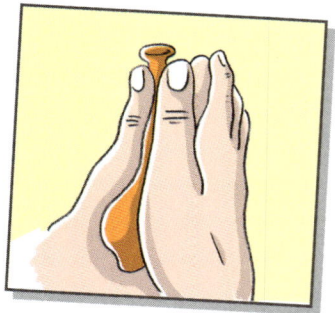

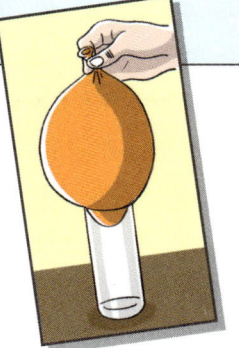

BALLONKRAN

CHECK!

DAUER: ☆☆ **KNIFFLIG:** ☆☆

Stelle ein leeres Glas auf eine relativ weiche Unterlage und überreiche deinem Kind einen nicht aufgepusteten Luftballon. Sicherheitshalber sollte das Glas nicht allzu teuer und nicht allzu dünnwandig sein. Die Aufgabe: das Glas nur mit Hilfe des Ballons hochheben, es also nicht mit den Händen bzw. dem Körper berühren. Die Lösung: Der Ballon muss im Glas aufgepustet werden, so dass er sich am Glasrand festdrückt. Dann kann man den Ballon hochheben und das Glas hängt lässig und sicher unten dran.

BALLONS DURCHSTECHEN

CHECK!

DAUER: ☆☆ **WOW-EFFEKT:** ☆☆

Man kann keine Nadel in einen Luftballon stechen, ohne dass er mit einem lauten Knall zerplatzt. *Wollen wir wetten, dass doch?!* Um die Wette zu gewinnen, musst du natürlich etwas schummeln. Klebe heimlich einen schmalen Klebestreifen fest auf einen aufgeblasenen Ballon. An dieser Stelle kannst du nun die Nadel hineinstechen und siehe da – nichts passiert! Es kann höchstens passieren, dass die Luft langsam durch das Löchlein entweicht. Aber auch hierfür hast du die Lösung parat, indem du einen zweiten Klebestreifen über das Löchlein klebst.

MEGA-TIPP

Think big! Du kannst ebensogut

KEINE LUFT-NUMMER

DAUER: ☆ **AHA-EFFEKT:** ☆☆

Luftballons aufblasen ist ein Kinderspiel und was für Babys! Bei weitem nicht! Für alle kleinen Schlaumeier bietet sich folgendes Experiment an: Stülpt das Mundstück eines Luftballons so über den Hals einer leeren Flasche, dass sich der Rest des Luftballons in der Flasche befindet, und versucht nun, den Ballon in die Flasche hinein aufzublasen. *Keine Chance!* Der Grund dafür: Die Luft in der Flasche würde durch die Luft, die ihr in den Ballon blast, verdrängt werden, kann aber nicht entweichen. Die Lösung: Benutzt eine Plastikflasche, in deren Boden ihr vorher ein kleines Loch gemacht habt.

LUFT-NUMMER

DAUER: ☆ **AHA-EFFEKT:** ☆☆☆

Das Gegenstück zu oben ist dieser Ballon mit Aufblas-Automatik. Öffne dazu eine Flasche kohlensäurehaltiges Mineralwasser (nicht still, nicht medium!), stülpe das Mundstück des Ballons über den Flaschenhals, drücke den Ballon oberhalb fest zusammen und schüttle die Flasche. Wenn du wieder loslässt, bläst die nach oben ausströmende Kohlensäure den Ballon auf. Alternativ Leitungswasser, Backpulver und etwas Essig in eine Flasche, den Ballon drüberstülpen und – ohne Schütteln – zusehen, was passiert!

MEGA-TIPP

Das Folgende solltest du deinem Kind ausdrücklich nur erlauben, wenn du dabei bist.

102

PUNCHING-BALLON

CHECK!

DAUER: ☆☆ **WOW-EFFEKT:** ☆☆

Aggressiv? Kein Problem! Füllt ein paar getrocknete Erbsen oder Maiskörner in einen Luftballon, pustet ihn auf und knotet ihn zu. Dann knotet ihr unten herum ein langes Gummiband auf halber Länge fest. Das Kind steckt den Mittelfinger durch die beiden Endschlaufen des Gummibands, schließt die Hand zu einer Faust und schlägt gegen den Ballon. *Bäm!* Der nimmt kurz Reißaus und kommt sofort wieder zurückgeschnellt, bereit für den nächsten Schlag. Bei diesem Trick geht es weniger um Kraft, sondern vielmehr um gefühlvolles Schlagen im richtigen und konstanten Rhythmus. Das Tempo lässt sich enorm steigern, sieht dann fast aus wie bei den Profis.

MICKY LÄSST GRÜSSEN!

CHECK!

DAUER: ☆☆☆ **WOW-EFFEKT:** ☆☆

Wer Helium einatmet, bekommt für kurze Zeit die berühmte Micky-Maus-Stimme. Helium aus einem Ballon einzuatmen, ist allerdings nicht so leicht. So klappt's: Drücke das Mundstück des Ballons mit Daumen und Zeigefinger zusammen, damit kein Helium entweicht. Atme vollständig aus, damit in deiner Lunge genügend Platz für das Helium ist. Setze das Mundstück an die Lippen, lockere deinen Griff und atme tief ein: Das Helium strömt in deinen Mund. Drückt das Mundstück danach wieder fest zusammen, um kein Helium zu verlie-ren. Jetzt habt ihr ein paar Sekunden Zeit für euren großen Auftritt! Falls keine Veränderung zu hören ist: Ausatmen und nochmal.

Wenn die Kleinen das nachmachen wollen, bitte aufpassen: Ein bis zwei Atemzüge sind auch für Kinder unbe-denklich, danach sollte aber Schluss sein. Helium an sich ist zwar ungiftig, aber je mehr man davon man einatmet, desto weniger Sauerstoff steht dem Körper zur Verfügung, was zu Bewusst-losigkeit führen kann. Und Helium niemals direkt aus der Flasche inhalieren!

ZAP!

STILLE BALLON-POST

DAUER: ☆☆☆ **MIT VIELEN KINDERN:** ☆☆☆☆☆

Lass die Kinder mit einem wasserfesten Stift auf ein Papier eine Nachricht schreiben, zudem Name und Adresse. Bindet das Kärtchen an einen Heliumballon mit Schnur und entlasst den Ballon in die Freiheit – in der Hoffnung, dass irgendjemand ihn findet und euch zurückschreibt. Das Kärtchen darf nicht zu groß und schwer sein: Jedes Gramm verringert die Flugleistung des Ballons. Ihr solltet den Ballon zudem nicht bei starkem Wind und nur auf freiem Gelände starten lassen, ansonsten ist vielleicht schon im nächsten Baum Endstation. Und der Ballon sollte nicht bis zum Bersten gefüllt sein: In höheren Lagen dehnt sich das Helium nämlich aus, weil der Luftdruck abnimmt, und der Ballon könnte platzen. **Achtung:** In der Umgebung von internationalen Verkehrsflughäfen sowie im Umkreis von 15 km um Regionalflughäfen und Militärflugplätze dürft ihr keine Ballons steigen lassen!

PUSTE-LUFTBALL
FÜR ZWEI SPIELER

DAUER: ☆☆☆☆☆ **MIT VIELEN KINDERN:** ☆☆☆☆☆

IHR BRAUCHT ein Spielfeld auf dem Rasen, rund 3 x 5 m; 4 Stöcke; einen Luftballon.

Eine tolle Variante von Puste-Tischtennis (S. 104)! An den kurzen Enden des Spielfelds markiert ihr mit je zwei Stöcken im Abstand von rund 1 m die Tore. Dann teilt ihr euch in zwei Gruppen auf. Jede Gruppe nimmt in ihrer Hälfte Aufstellung, und zwar auf den Knien! Der Luftballon kommt in die Mitte des Spielfelds, und auf ein Kommando hin versuchen die Gruppen, den Ballon ins gegnerische Tor zu bugsieren. Der Ball darf natürlich nur gepustet und nicht berührt werden. Legt hin und wieder eine Pause ein, damit euch vor lauter Pusten nicht schwarz vor Augen wird!

EINEN SOLARBALLON BAUEN

DAUER: ☆☆☆☆☆ **MIT VIELEN KINDERN:** ☆☆☆☆☆

IHR BRAUCHT 6 große, dünne schwarze Müllsäcke; eine Schere; Klebeband (ca. 2 cm breit); ca. 50 m Drachenschnur.

Dieser Ballon steigt bei gutem Wetter von alleine in den Himmel auf – ganz ohne Helium! Solche Solarballons sind mit normaler Luft gefüllt und haben eine schwarze Hülle, die sich im Sonnenlicht aufheizt, was die Luft im Inneren erwärmt. Und weil warme Luft bekanntlich nach oben steigt, hebt der Ballon früher oder später ab. Wichtig: Es muss sonnig und windstill sein!

Die Müllsäcke sollten schön dünn sein, dabei aber dicht und ohne Risse oder Löcher. Schneidet von fünf Müllsäcken den Boden sauber und gerade ab und legt die so entstandenen „Schläuche" auf einem glatten, sauberen Boden Öffnung an Öffnung aneinander. Der sechste Müllsack, der noch einen Boden hat, bildet den Abschluss. Dann klebt ihr die Müllsäcke mit dünnem, rund 2 cm breitem Klebeband zu einem einzigen, langen Schlauch zusammen, der an einem Ende offen und an einem Ende geschlossen ist. Sorgfältig verkleben! Es dürfen keine Löcher übrig bleiben, durch die die Luft entweichen könnte.

Beim nächsten Tag mit Sonnenschein und Windstille geht's ab auf die Wiese! Lauft mit dem offenen Schlauchende in der Hand umher und füllt den Ballon so mit Luft. Achtet darauf, das der Schlauch dabei nicht zu Schaden kommt, und füllt ihn nicht zu prall: Die Luft im Inneren muss sich später noch ausdehnen können. Bindet das offene Schlauchende mit der Drachenschnur fest zusammen, befestigt das andere Ende der Schnur am Boden und lasst den Ballon in der Sonne schmoren. Schon nach ein paar Minuten sollte er sich aufrichten und abheben! Achtung: Lasst den Ballon keinesfalls einfach davonfliegen! Zum einen aus Gründen des Umweltschutzes, zum anderen, weil hierzulande auch für Flugmodelle wie Solarballons strikte Regeln gelten in Bezug auf das Eindringen in den sogenannten kontrollierten Luftraum.

CHECK!

STREICHHOLZ AUFSTELLEN

DAUER: ★★☆ KNIFFLIG: ★★★

Leichtes Aufwärmtraining: *Bekommt ihr ein Streichholz dazu, gerade auf dem Tisch stehen zu bleiben?* Und während die Kinder noch eifrig rumprobieren, steht dein Streichholz bereits kerzengerade und auf dem Zündkopf (!) auf dem Tisch. Der Trick: Du hast deinen Finger mit Spucke nass gemacht und den Zündkopf damit befeuchtet.

MEGA-TIPP

Der „dümmste" Trick (O-Ton) meines Vaters: ⬛⬛

CHECK!

STREICHHOLZ-FLITZER

DAUER: ★★☆ AHA-EFFEKT: ★★★

Nimm ein Streichholz, kratze den Zündkopf ab und ersetze ihn durch einen ordentlichen Tropfen frischen Uhu-Kleber – fertig ist das Boot. Lass es zu Wasser (etwa in einer Pfütze, einem Suppenteller oder der Spüle) und die lieben Kinder werden staunen: Es wird von ganz alleine losflitzen!

KNOBELMEISTER

DAUER: ✰✰ **MIT VIELEN KINDERN:** ✰✰✰✰✰

Wer fängt an? Wer geht vor? Wer hält die Stellung? Gründe zum Knobeln gibt es reichlich. Und üblicherweise bedeutet das: Wer das kürzere Streichholz zieht, verliert. Dir soll's egal sein, weil du das scheinbar lange Streichholz vorher mittig durchgebrochen und zwischen deinen Fingern wieder zusammengesetzt hast. Dabei ist die obere Hälfte natürlich noch kürzer als das danebenliegende, kurze Streichholz.

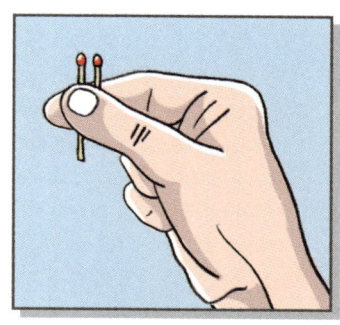

HÖLZER KREUZEN

DAUER: ✰✰ **ÜBUNGSSACHE:** ✰✰✰

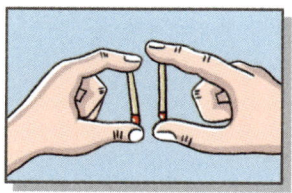 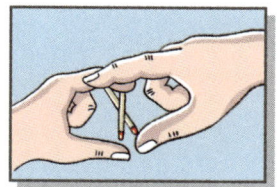 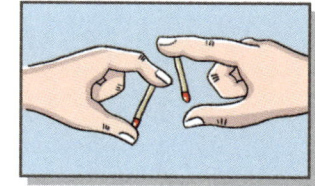

Halte in beiden Händen jeweils ein Streichholz zwischen Daumen und Zeigefinger. Bitte dein Kind, die Hölzer wie hier gezeigt miteinander zu verschränken, ohne eines oder beide komplett loszulassen! *Hm...?* Sicherlich lässt sich mit geschicktem Abstellen eines Streichholzes ein Finger umsetzen, aber weitaus lässiger ist das: Drücke die Finger von einem der beiden Hölzer für ein paar Sekunden ganz fest zusammen und öffne sie anschließend leicht – das Streichholz sollte durch den Druck gerade lange genug an der Zeigefingerkuppe hängen bleiben, damit du das andere Streichholz rasch durch die Lücke zwischen Daumen und Streichholz schieben kannst. *Wow!*

CHECK!

DER SPRINGENDE PUNKT

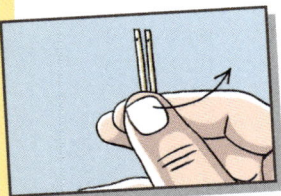

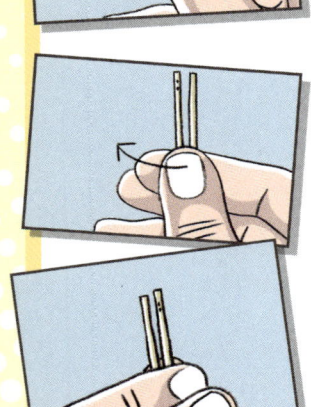

DAUER: ★★☆☆ **ÜBUNGSSACHE:** ★★☆☆

Male auf die Enden zweier Streichhölzer je einen Punkt und auf die Rückseite des einen zusätzlich zwei Punkte. Jetzt die Streichhölzer zwischen Daumen und Zeigefinger einklemmen – die beiden einzelnen Punkte zeigen nach oben – und dem Publikum zeigen: *Seht ihr die beiden Punkte hier?* Nun ein kurzes Schütteln deiner Hand, schon ist einer der Punkte wie von Geisterhand auf das andere Holz gewandert! Zum Beweis, dass er sich nicht auf der Rückseite versteckt, schwenkst du die Hölzer vertikal nach oben – zwei Punkte auf dem einen, keiner auf dem anderen Holz – und wieder zurück: zwei Punkte auf dem einen, keiner auf dem anderen Holz. *Der Punkt ist übergesprungen!* Der Trick: Beim Schütteln der Hand hast du die Hölzer gedreht, die Rückseiten sind nach vorne gewandert. Während des Hochhebens hast du sie zurückgedreht, und beim Runternehmen der Hand nochmals gewendet.

CHECK!

VORSICHT, SCHACHTEL!

DAUER: ★ **MIT VIELEN KINDERN:** ★★★★★

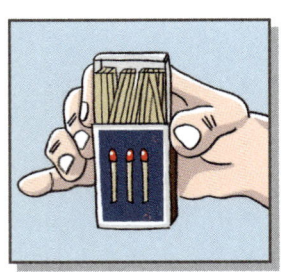

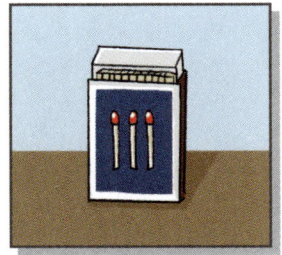

Katzen landen bekanntlich immer auf den Füßen. Wie aber bekommt man eine aus rund 20 cm Höhe fallengelassene, volle Schachtel Streichhölzer dazu, hochkant zu landen? Ganz einfach: Zieh sie vorab ein gutes Stück nach oben auf.

STREICHHOLZ-TRANSPORT

DAUER: ★★★ **ÜBUNGSSACHE:** ★★★★

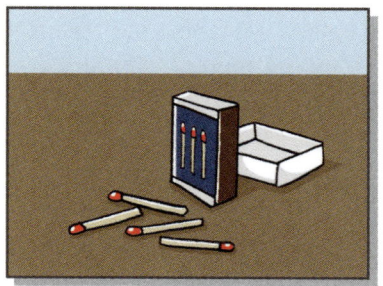 

Wette mit deinem Kind, dass du acht Streichhölzer gleichzeitig in die offene Schachtel zurücklegen kannst – ohne die Hände zu benutzen! Und dann geht's los: Den Schuber mit dem Mund nehmen und damit die Streichhölzer nebeneinander aufreihen. Dann den Schuber mit dem Mund ansaugen und ihn auf den Streichhölzern ablegen. Jetzt den Schuber noch ein letztes Mal kräftig ansaugen – wichtig ist, dass du von oben saugst, die Lippen müssen also über die Öffnung des Schubers drüber; die Streichhölzer werden mit angesaugt und lassen sich galant in der Schachtel ablegen.

CHECK!

STREICHHOLZ-JONGLAGE

DAUER: ★★☆ ÜBUNGSSACHE: ★★☆

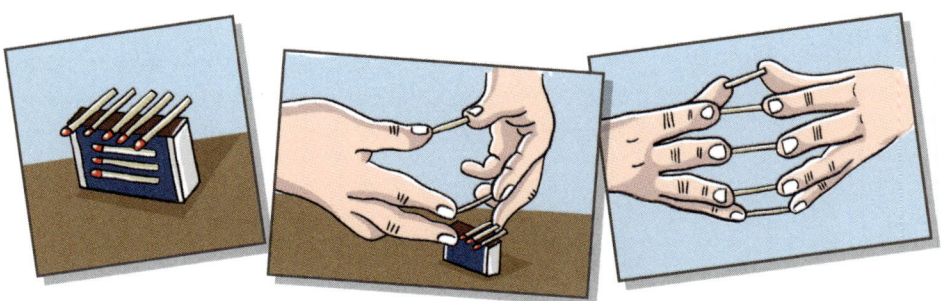

Fingerübung für Streichholzfreunde: Lege fünf Hölzer wie hier gezeigt auf eine Schachtel. Das erste greifst du, indem du es zwischen beide Daumen steckst. Das zweite, indem du es zwischen die Zeigefinger, das dritte, indem du es zwischen die Mittelfinger steckst usw., bis du alle fünf Hölzer zwischen deinen zehn Fingern jonglierst. Gut gemacht, Super-Papa! Und jetzt lass mal die Kinder ran ...

CHECK!

KÖPFE HOCH!

DAUER: ★★☆ KNIFFLIG: ★★★☆

Bitte dein Kind, drei Streichhölzer so vor sich abzulegen, dass keiner der Zündköpfe die Tischplatte berührt. Die Lösung siehst du rechts.

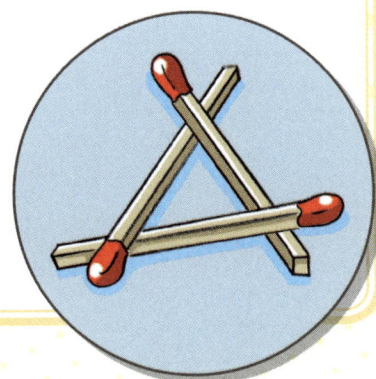

KUSCHELZOO

CHECK! ◯

DAUER: ☆☆ KNIFFLIG: ☆☆☆☆☆

Bitte dein Kind, sechs Streichhölzer so vor sich abzulegen, dass jedes Streichholz jedes andere berührt. Die Lösung siehst du links. Das war schon ein bisschen schwieriger, oder?

FLIESENLEGER

CHECK! ◯

DAUER: ☆ KNIFFLIG: ☆☆

Lege die Streichhölzer wie hier gezeigt hin. Lasse dann dein Kind fünf Streichhölzer wegnehmen, sodass am Ende drei Quadrate übrig bleiben. Die Lösung ist „relativ" leicht...

ARCHITEKT

CHECK! ◯

DAUER: ☆ KNIFFLIG: ☆☆

Lege die Streichhölzer wie im oberen Bild gezeigt hin. Bitte dein Kind nun, zwei Streichhölzer so umzulegen, dass aus den drei Quadraten am Ende zwei Quadrate entstehen. Wie's geht, seht ihr unten.

CHECK!

STERNSINGER

DAUER: ☆☆ **KNIFFLIG:** ☆☆☆

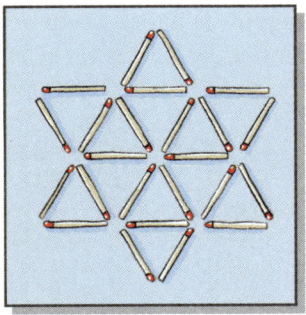

Lege die Streichhölzer wie hier gezeigt hin. Frage nun dein Kind: Wie viele Dreiecke entdeckst du in diesem Stern? Es sind 20 Stück! Zwei große, sechs mittlere und zwölf kleine.

CHECK!

KLEOPATRA

DAUER: ☆☆☆ **ÜBUNGSSACHE:** ☆☆☆

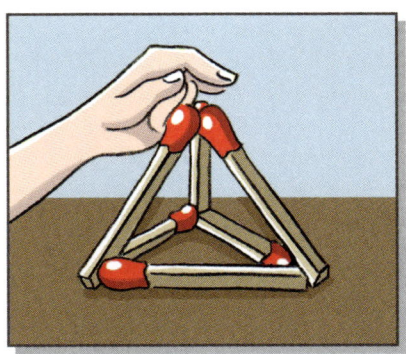

Legt aus sechs Streichhölzern vier Dreiecke gleicher Größe. Wie? Na, so: Die ersten drei Streichhölzer bilden ein Dreieck auf dem Boden, die übrigen drei werden wie hier gezeigt zu einer Pyramide aufgestellt. Das Ergebnis ist eine (leider nicht von alleine stehende) Pyramide mit vier gleichgroßen Dreiecken bzw. Seitenflächen.

TARIERSPIEL
FÜR BELIEBIG VIELE SPIELER

CHECK!

DAUER: ★★★ **ÜBUNGSSACHE:** ★★★

Auf eine glatte Tischfläche stellen die Kinder je eine identische Geldmünze (mit glattem Rand) aufrecht vor sich hin. Jetzt geht es darum, Streichhölzer wie hier gezeigt auf dem Münzrand zu balancieren. Die Streichhölzer dürfen nur einzeln gelegt werden, nicht mehrere auf einmal. Ein Streichholz sollte jeder schaffen, aber wer schafft noch ein zweites oder sogar drittes obendrauf?

SCHÄTZFRAGE
FÜR BELIEBIG VIELE SPIELER

CHECK!

DAUER: ★★ **MIT VIELEN KINDERN:** ★★★★★

Du hast einer vollen Schachtel eine beliebige Anzahl an Streichhölzern entnommen und überreichst die dezimierte Schachtel den Kindern. Sie dürfen die Schachtel schütteln und abwägen, aber nicht hineinschauen. Jedes Kind gibt eine Schätzung ab, wie viele Hölzer in der Schachtel sind. Und wer am nächsten dran ist, darf die Schachtel für die nächste Runde befüllen.

RINGLEIN-WERFEN
FÜR BELIEBIG VIELE SPIELER

DAUER: ☆☆☆ **MIT VIELEN KINDERN:** ☆☆☆☆☆

Großer Spaß mit kleinen Dingen: Stecke ein Streichholz in eine auf dem Tisch liegende Schachtel und lass deine Kinder aus unterschiedlichen Entfernungen unterschiedliche Ringe darüber werfen, z. B. Schmuckringe, Schlüsselringe, Gummiringe oder Unterlegscheiben. Wer die meisten Treffer erzielt, gewinnt. Und fürs nächste Mal lässt sich alles bequem in der Schachtel verstauen.

STREICHHOLZ-SCHNIPPEN
FÜR BELIEBIG VIELE SPIELER

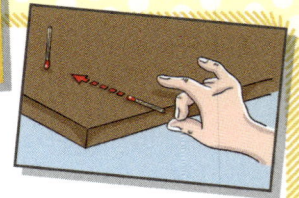

DAUER: ☆☆☆☆ **ÜBUNGSSACHE:** ☆☆☆

Gib jedem Kind ein Streichholz als Munition. Das Ziel ist ein auf dem Tisch (10 cm von der Kante entfernt) stehendes Streichholz – der aufmerksame Leser weiß ja bereits, wie das funktioniert: Einen Finger nass machen, den Zündkopf befeuchten und diesen auf den Tisch drücken. Alle Spieler haben nun jeweils fünf Versuche, um das Ziel zu treffen und zu Fall zu bringen. Dafür wird das Munitionsholz in kürzester Entfernung zum Ziel an die Tischkante gelegt und mit dem Finger Richtung Ziel geschnippt. Sobald ein Spieler das Zielholz umgeworfen hat, hat er sich für die nächste Runde qualifiziert; das Zielholz wird wieder aufgestellt und der nächste Spieler ist an der Reihe. Spieler, die nicht (mehr) treffen, scheiden aus. Von Runde zu Runde wird das Zielholz 5 cm weiter weg gestellt. Wer als Letzter noch trifft, gewinnt.

STREICHHOLZ-PUSTEN
FÜR BELIEBIG VIELE SPIELER

CHECK!

DAUER: ★★★ KNIFFLIG: ★★★

Gib jedem Kind einen Strohhalm als Blasrohr und ein paar Streichhölzer als Munition. Dann schaut ihr euch im Zimmer um und definiert ein paar Ziele. Je kleiner das Ziel ist, desto mehr Punkte gibt's, logisch. Und nicht vergessen: Das Einsammeln der Streichhölzer ist Teil des Spiels!

AUS DAMIT!

CHECK!

DAUER: ★ AHA-EFFEKT: ★★★

Befülle ein Glas mit sprudelndem Mineralwasser und halte ein brennendes Streichholz dicht darüber. Und Abrakadabra: Es erlischt! Da werden die Kids staunen. Die Erklärung ist ganz simpel: Die Flamme erlischt nicht, weil das Streichholz nass wird, sondern, weil die aufsteigende Kohlensäure den für das Brennen der Flamme notwendigen Sauerstoff verdrängt.

AN DAMIT!

DAUER: ☆ **AHA-EFFEKT:** ☆☆☆

Führe den Zündkopf eines frisch ausgepusteten Streichholzes in einigem Abstand von oben näher an eine brennende Kerzenflamme. Das Streichholz wird wieder entfacht, obwohl es noch ein gutes Stück von der Kerzenflamme entfernt ist! *Reinste Magie!* Funktioniert übrigens auch anders herum: Wenn man ein brennendes Streichholz über den Docht einer frisch ausgeblasenen Kerze hält, fängt die Kerze wieder an zu brennen.

LÖSCHTRICHTER

DAUER: ☆☆ **AHA-EFFEKT:** ☆☆☆

Zünde ein Streichholz an und bitte deine Kinder, es wieder auszublasen, bevor du dir am Ende noch die Finger verbrennst. Damit auch wirklich nichts schiefgehen kann, überreichst du ihnen vorab einen Trichter. *Wenn ihr da durchpustet, sind wir auf der sicheren Seite!* Weit gefehlt, denn wer durch das schmale Ende aus dem weiten Ende hinaus pustet, wird die Flamme nie und nimmer löschen können. Nur, wer durch das weite Ende aus dem schmalen Ende hinaus pustet, kann dich retten.

COWBOY-PAPA I

CHECK! ○

DAUER: ☆ **AHA-EFFEKT:** ☆☆☆

Ich erinnere mich noch sehr lebhaft daran, wie wir in meiner späten Kindheit in coolster Cowboy-Manier die sogenannten Überall-Streichhölzer an Mauern und Wänden entfacht und uns diebisch darüber gefreut haben. Noch lässiger ist es natürlich, sich ein herkömmliches Sicherheitsstreichholz mir nichts dir nichts an der Schuhsohle zu entfachen! Wähle dazu einen Schuh mit (leichtem) Absatz. Befestige mit doppelseitigem Klebeband eine Reibefläche im Bereich des Gelenkstücks (also direkt vor dem Absatz). Die Reibefläche soll schließlich nicht schon nach zehn Metern Laufen dreckig und zerkratzt sein. Beim Entfachen die Schuhsohle leicht abgewandt vom Publikum halten, damit dir keiner auf die Schliche kommt …

COWBOY-PAPA II

CHECK! ○

DAUER: ☆ **ÜBUNGSSACHE:** ☆☆

Mit dieser Technik kannst du Streichhölzer in einer einzigen schnellen Bewegung entfachen und wegschnippen. Nimm die Schachtel in eine Hand und drücke das leicht schräg nach hinten stehende Streichholz wie hier gezeigt mit der Spitze des Zeigefingers so auf die Reibefläche, dass es gut und sicher steht. Jetzt schnippst du mit dem Zeigefinger der anderen Hand von hinten dagegen – das Streichholz wird beim nach vorne Schnellen entfacht, und mit etwas Übung fliegt es gleich noch ein paar Meter durch die Luft. Achtung: Diese Technik nur im Freien ausüben und das Streichholz niemals in Richtung von Tieren, Personen oder leicht entflammbaren Materialien schnippen.

CHECK!

STREICHHOLZ-RAKETE

DAUER: ☆☆ AHA-EFFEKT: ☆☆☆

Große Raketen zu Silvester? Kann jeder. Du zündest heute eine Miniatur-Rakete, die's in sich hat. Lege zwei Streichhölzer mit den Zündköpfen zusammen und umwickele sie wie hier gezeigt fest mit einem schmalen Streifen Alufolie. Jetzt stecke die Mini-Rakete mit einem Ende in eine Kartoffel (oder Ähnliches), sodass das andere Ende leicht nach oben und, ganz wichtig, von dir weg zeigt. Achtung: Nur im Freien zünden. Halte ein brennendes Streichholz unter die Alufolie und – *Alle Mann in Deckung, der Countdown läuft!* – kurz darauf wird das freistehende Streichholz gen Orbit gefeuert.

TURMBAU ZU BABEL
FÜR ZWEI BIS VIER SPIELER

CHECK!

DAUER: ★★★ ÜBUNGSSACHE: ★★★

Teile die Streichhölzer einer Schachtel gleichmäßig unter den Kindern auf. Die leere Schachtel steht hochkant auf dem Tisch und die Kids legen reihum jeweils ein Streichholz oben drauf. Wem dabei ein oder mehrere Streichhölzer runterfallen, der bekommt sie zu seinen dazu. Und wer zuerst alle seine Hölzer verbaut hat, gewinnt.

VORSICHT, WIND!

CHECK!

DAUER: ★★ ÜBUNGSSACHE: ★★★

Ganz easy für dich, aber schafft es dein Kind auch, eine hochkant hinter einer Flasche stehende Streichholzschachtel umzupusten? Na klar! Es muss nur kräftig genug pusten. Dabei spielt es nicht mal eine Rolle, ob die Schachtel direkt hinter der Flasche oder in leichtem Abstand platziert ist: Die ausgepustete Luft gleitet um die Flasche herum und wird auf der Rückseite wieder zusammengeführt. Mit einem Tetrapak wiederum klappt's nicht.

CHECK!

MÜNZE KREISELN I

DAUER: ☆ **ÜBUNGSSACHE:** ☆

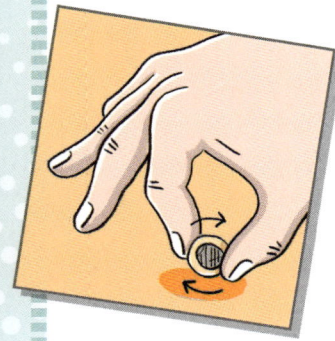

Wer schafft es, eine Münze mindestens 10 Sekunden lang auf dem Tisch kreiseln zu lassen? Oder gar 15 oder 20 Sekunden? Es gibt verschiedene Möglichkeiten, Münzen kreiseln zu lassen; beginnen wir mit der Anfänger-Methode: Stell die Münze auf die Tischplatte und halte sie seitlich zwischen Daumen und Zeigefinger fest. Jetzt verdrehe die Finger mit einer schnellen Bewegung – den Daumen nach außen, den Zeigefinger nach innen in Richtung Handballen – und lass die Münze gleichzeitig los. Vorteil: Die Münze kreiselt sehr zielgenau. Nachteil: Sie bekommt zu wenig Schwung und kreiselt daher nur kurz.

CHECK!

MÜNZE KREISELN II

DAUER: ☆☆ **ÜBUNGSSACHE:** ☆☆

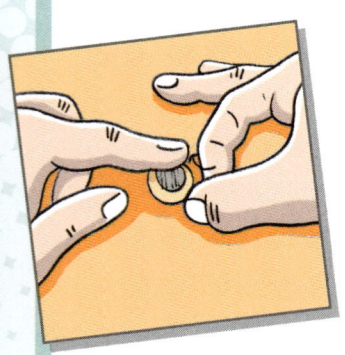

Soweit klar? Dann ist es Zeit für die Fortgeschrittenen-Methode: Stelle die Münze auf die Tischplatte, halte sie von oben mit dem Zeigefinger fest und schnippe mit dem Zeigefinger deiner anderen Hand seitlich gegen den Rand. Vorteil/Nachteil: Je mehr Schwung man der Münze gibt, desto länger, aber auch ungenauer kreiselt sie. Für dein Kind schon etwas schwieriger ...

MÜNZE KREISELN III

CHECK!

DAUER: ☆☆☆ **ÜBUNGSSACHE:** ☆☆☆

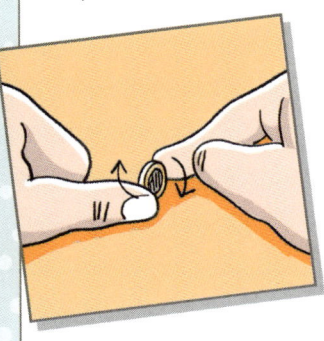

Und dann gibt es natürlich auch noch eine Profi-Methode! Stelle die Münze dabei auf die Tischplatte und halte sie seitlich zwischen Daumen der einen und Zeigefinger der anderen Hand fest. Während du mit beiden Fingern kräftig gegen den Münzrand drückst, ziehst du deine Finger gegenläufig weg – beide Finger jeweils in Richtung ihrer Hand. Diese Methode erfordert die meiste Übung, damit richtig Schwung in die Sache kommt, aber am Ende ist sie unschlagbar! Vorteile: Die Münze kreiselt relativ zielgenau, bekommt sehr viel Schwung und kreiselt daher sehr lange. Nachteile: keine. *Hey, aufgeben gilt nicht ...*

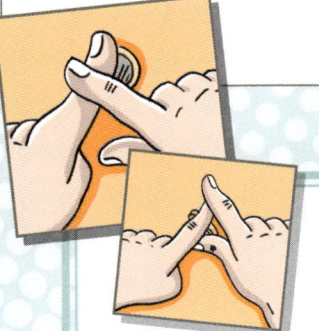

MÜNZE KREISELN IV

CHECK!

DAUER: ☆☆☆☆ **ÜBUNGSSACHE:** ☆☆☆☆

Die ersten drei Punkte waren vergleichsweise dröge „Theorie" – ab jetzt wird getrickst! Beherrscht dein Kind schon die Fortgeschrittenen-Methode des Münzen-Kreiselns? Gut, denn du hast diese Methode magisch perfektioniert und kannst die Münze kreiseln lassen, indem du nichts weiter tust, als über deinen die Münze haltenden Zeigefinger zu streichen. Und tatsächlich, nachdem du mit dem Zeigefinger deiner freien Hand ein paar Mal kräftig über den Zeigefinger deiner „Münzhand" gestrichen hast, beginnt sie plötzlich von sich aus zu kreiseln! Der Trick dahinter ist simpel: Unter dem Zeigefinger deiner freien Hand hältst du den Daumen versteckt. Und mit ihm stößt du die Münze im gewünschten Moment an.

CHECK!

MÜNZE STEHEND ANHALTEN

DAUER: ☆☆☆ **KNIFFLIG:** ☆☆☆☆

Leider ist mir kein Patentrezept bekannt, um eine kreiselnde Münze so mit dem Zeigefinger anzuhalten, dass sie zwischen Tischplatte und Zeigefinger aufrecht stehen bleibt. Aber hey: Mit dem Ausprobieren lassen sich etliche spielerische Minuten verbringen, denn wenn es zwischendurch mal klappt, ist es ein wahrhaft erhebendes Gefühl! Aus eigener Erfahrung: Je glatter der Tisch ist, desto schwieriger wird's. Bei sehr schnellem Kreiseln hilft nur ein blitzartiges Aufsetzen des Fingers; zu langsames Kreiseln (erkennt man daran, dass die Münze in der vertikalen Mitte schon eine relativ große Öffnung hat) ist ebenso fatal. Und wieder einmal landen wir beim goldenen Mittelweg: Gemäßigtes Kreiseln bei sanftem Aufsetzen des Fingers führt bei mir persönlich zur höchsten Erfolgsquote.

CHECK!

MÜNZGRIFF I

DAUER: ☆☆☆ **KNIFFLIG:** ☆☆☆☆

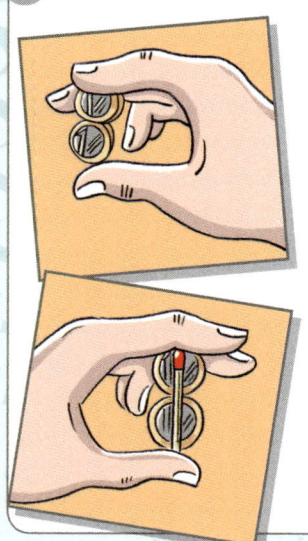

Na, Kind, kannst du das auch? Du präsentierst zwei aufeinander stehende Münzen, die du zwischen Daumen und Zeigefinger geklemmt hältst. *Nennt sich Münzgriff – ist schwieriger, als es aussieht. Muss man üben!* Emsiges Ausprobieren, Münzen kullern wiederholt durch den Raum. Aber wer hätte gedacht, dass der Münzgriff sooo schwierig ist?! Du zum Beispiel, deshalb hast du dir mit einem Streichholz auf der Rückseite beholfen ...

MÜNZGRIFF II

DAUER: ☆☆ **KNIFFLIG:** ☆☆☆☆

Drei Münzen beliebiger Größe liegen in einer Reihe genau aneinander. *Keine Sorge, dieses Mal ist kein Trick dabei!* Die Aufgabe: Die rechte Münze soll zwischen der linken und der mittleren platziert werden. Doch nur die rechte Münze darf dabei berührt und bewegt werden! Die linke Münze darf nicht berührt werden (weder mit dem Finger noch mit der rechten Münze), die mittlere darf zwar berührt werden, aber nicht bewegt. *Rätsel, rästel, rätsel ...* Die Lösung: Die mittlere Münze festhalten und mit der rechten Münze mit etwas Anlauf dagegen schlagen. Die linke Münze fliegt daraufhin zur Seite und die rechte Münze lässt sich bequem dazwischenschieben.

GELDKUVERT-ZAUBER

DAUER: ☆☆☆ **AHA-EFFEKT** ☆☆☆☆☆

Du krempelst die Ärmel hoch und präsentierst deinem Kind einen leeren Briefumschlag oder – wie du es nennst – dein magisches Geldkuvert. Du öffnest es (sodass das Kind hineingucken kann) und schüttelst es ein paarmal provokativ aus – ja, es ist leer. Zumindest scheinbar, denn in einer der unteren Ecken hältst du die ganze Zeit über ein 10-Cent-Stück mit Daumen und Zeigefinger fest. Jetzt darf dein Kind eine Münze in den Umschlag hineinwerfen. Den Umschlag gibst du dabei natürlich nicht aus der Hand. Umschlag zukleben, Zauberspruch murmeln, Umschlag schütteln, aufmachen, Münzen auskippen. Zack: eine Münze mehr!

VORAUSZAHLUNG

DAUER: ☆☆☆ **MIT VIELEN KINDERN:** ☆☆☆☆☆

Wie wir beim Münzgriff II (S. 123) gelernt haben, lässt sich eine Münze auch dann noch wunderbar wegschießen, wenn eine dritte Münze dazwischenliegt. *Wie weit, denkt ihr, kann man dieses Spielchen wohl treiben? Ausprobieren!* Legt eine Reihe Münzen in einer Linie aneinander und schnipst mit dem Zeigefinger eine weitere Münze kräftig dagegen. Und damit die Münzen nicht unkontrolliert zur Seite fliegen, baut ihr am besten mit Holzleisten, Büchern oder dergleichen eine super-duper Spurrinne. Wenn ihr die Münzreihe gut vorbereitet habt und eure Treffer schnell und gezielt genug sind, dürfte wohl eher die Spardose leer sein, als dass sich die letzte Münze in der Reihe nicht zuckt.

BRÜCKENBAU

DAUER: ☆☆ **KNIFFLIG:** ☆☆☆☆

Du präsentierst deinem Kind einen neuen 50-Euro-Schein und behauptest, ihn so über zwei Gläser legen zu können, dass du ein drittes Glas obendrauf stellen kannst, ohne dass es zu Boden kracht. *Das will ich sehen!* Du beginnst in aller Seelenruhe damit, den Schein längsseitig in engen Abständen wie eine Ziehharmonika zusammenzufalten. Zehn Faltungen sollten es schon sein! Das Ergebnis ziehst du wieder leicht auseinander, legst die „Brücke" wie hier gezeigt über zwei Gläser und stellst das dritte (leere, nicht zu große und nicht zu schwere) Glas vorsichtig obendrauf.

GELDSCHEIN GRAPSCHEN

CHECK!

DAUER: ☆☆ **ÜBUNGSSACHE:** ☆☆☆☆

Zücke einen 5- oder 10-Euro-Schein und halte ihn deinem Kind wie hier gezeigt zwischen (nicht über) die leicht ausgestreckte Hand. Wenn du loslässt, soll dein Kind versuchen, den Schein zu fangen. Verrückt, wie schwierig das ist! Tauscht auch mal die Rollen – du wirst es mit deinen längeren Fingern sogar noch schwerer haben!

KLAMMERAFFEN

CHECK!

BANG!

DAUER: ☆☆ **KNIFFLIG:** ☆☆☆☆

Diese Nummer ist hitverdächtig! Zur Vorbereitung fügst du einen relativ neuen Geldschein und zwei Büroklammern wie hier gezeigt zusammen. Dieses Kunstwerk überreichst du deinem Kind mit der Bitte, einmal kurz und kräftig an beiden Enden des Scheins zu ziehen. (Natürlich nicht so kräftig, dass der Schein durchreißt.) Was nun passiert? Der Schein entfaltet sich und die Büroklammern sausen durch die Luft und – *Tataaa!* – hängen zusammen!

CHECK!

GELDWÄSCHE

DAUER: ☆☆ AHA-EFFEKT: ☆☆☆☆

Wer mit abgegriffenen Geldstücken hantiert, bekommt so einen unangenehmen Münzgeruch an die Finger. Da hilft nur eine kleine Geldwäsche! Lass dein Kind etwas Zitronensaft in ein Glas träufeln, kippt einen guten Schuss Salz dazu und werft eure Kupfermünzen hinein. Jetzt das Glas ein paar Mal schwenken, die Geldstücke abspülen – fertig! Keine aufwendigen Chemikalien, kein Polieren. Die Münzen glänzen wieder wie am ersten Tag.

CHECK!

MÜNZWURF

DAUER: ☆☆ KNIFFLIG: ☆☆

Hier geht es um das gerade Hochwerfen (und Fangen) der Münze bei gleichzeitiger Drehung um ihre eigene Achse. Lege die Münze dazu auf die Außenseite des gekrümmten Zeigefingers. Klemme den Daumennagel darunter und drücke den Daumen kräftig von unten dagegen, sodass sich Spannung im Daumen aufbaut. Dann den Daumen unter dem Finger hervorschnippen lassen, sodass er die Münze auf halber Fläche trifft und sie kreiselnd abhebt. Ihr könnt nun die Münze einfach auf den Boden fallen lassen, cooler aber ist es, die Münze mit derselben Hand wieder aufzufangen und dann die Fanghand flach auf den Rücken der anderen Hand zu schlagen und die Fanghand wieder hochzuheben. Die Münze liegt nun auf dem Handrücken der anderen Hand.

MEGA-TIPP

Mit der richtigen Technik

IM STURZFLUG

DAUER: ☆☆ **AHA-EFFEKT:** ☆☆☆

Papier ist bekanntlich leichter als Münzgeld – darum fällt es auch nicht schnurstracks zu Boden, sondern segelt langsam und bedächtig dahin. Es sei denn, ihr stellt es folgendermaßen an: Schneide mit deinem Kind zusammen ein rundes Stück Papier aus, das etwas kleiner ist als die Münze, die ihr zu Boden werfen wollt. Jetzt könnt ihr das Papierstück unter das Geldstück legen und das ungleiche Paar flach in Richtung Boden fallen lassen. *Wie, das war's schon?* Nein, hier die zweite, deutlich beeindruckendere Variante: Legt das Papierstück nicht unter, sondern auf das Geldstück! Das Papier wird dennoch mit derselben Geschwindigkeit zu Boden stürzen.

GELDBÜRSTE

DAUER: ☆☆ **AHA-EFFEKT:** ☆☆☆☆

Lege dir ein Geldstück in die offene Handfläche und überreiche deinem Kind eine Kleiderbürste. *Wenn du die Münze haben willst, brauchst du sie mir nur aus der Hand zu bürsten!* Die Münze darf nur mit den feinen Borsten berührt und nicht mit dem Bürstenrand geschoben werden. Welch Wunder, die Münze bleibt (ausnahmsweise) in deinem Besitz. Einzige Möglichkeit: mit den vordersten Borsten gaaaaanz langsam schieben. Aber Schieben ist nun mal nicht Bürsten ...

REINE KOPFSACHE

DAUER: ★★★★★ **KNIFFLIG:** ★★★★☆

Dein Kind war frech und fordert trotzdem sein Taschengeld? Dann ist es vielleicht Zeit für Sanktionen: *Diesen Euro bekommst du nur, wenn du ihn eine Minute lang auf der Stirn balancieren kannst!* Nichts leichter als das. Also Kopf nach hinten. Und weil du ein gutmütiger Mensch bist, drückst du die Münze kräftig auf seine Stirn. Soll ja nicht gleich wieder runterfallen. In Wirklichkeit dient der Druck dazu, dass du die Münze gleich wieder wegnehmen kannst, ohne dass das

Kind es merkt: Es spürt noch den Druck von vorher. Wenn du die Münze noch mit doppelseitigem Klebeband an deinem Daumen befestigst, wird die Illusion beim Wegnehmen perfekt sein. Und wenn dein Kind irgendwann hinter den Schwindel kommt und protestiert, kannst du ihm immer noch folgenden (echten) Deal anbieten: *Wenn du den Euro fünf Minuten auf der Stirn balancieren kannst, darfst du ihn behalten!* Ein Euro für fünf Minuten in Ruhe Zeitung lesen – das ist es wert, oder?

MEGA-TIPP

Mit demselben Prinzip könnt ihr

FEINE FÜHLER

DAUER: ★★★★☆ **KNIFFLIG:** ★★☆☆

Hier ist Tastsinn gefragt: Verbinde deinem Kind die Augen und lege einen Schwung Geldstücke vor ihm auf den Tisch. Jetzt soll es den Wert der einzelnen Geldstücke erfühlen, benennen und in richtiger Reihenfolge vor sich ablegen. Ihr werdet sehen, wie schnell sich das übt!

BANKAUTOMAT

CHECK!

DAUER: ★★★★★ **KNIFFLIG:** ★★★★☆

Über die Öffnung einer leeren Glasflasche mit kleiner Öffnung legst du einen (relativ neuen) Geldschein und stapelst über der Öffnung noch ein paar Münzen auf den Schein. Falls die Münzen so klein bzw. die Öffnung so groß ist, dass die Münzen hineinfallen würden, tut es zur Not auch eine volle Plastikflasche mit Schraubverschluss. Die Aufgabe an die kleinen Strolche: Wer's schafft, den Geldschein aus dem „Bankautomaten" zu ziehen, ohne die Münzen und die Flasche anzufassen und ohne dass eine oder mehrere Münzen runterfallen, der darf das jeweils oberste Geldstück behalten. Immer schön der Reihe nach – es sind genügend Geldstücke für alle da. Die Lösung: den Geldschein mit einer Hand straffen und mit der freien Hand kurz und kräftig von oben draufschlagen. Es wird übrigens schwieriger, je weniger Münzen noch übrig sind.

GELDSTAPLER

CHECK!

DAUER: ★★★★★ **KNIFFLIG:** ★★★★☆

Fingerübung für angehende Kassierer und Hütchenspieler: Lege auf alle Fingerkuppen außer der deines Daumens jeweils eine Münze. Jetzt versuche, alle vier Münzen auf dem Zeigefinger oder dem kleinen Finger zu stapeln. Dabei dürfen die Münzen natürlich nicht runterfallen. Und du darfst nur den Daumen zur Hilfe nehmen! Erhöt den Spaßfaktor bei den Kids: Zeit stoppen und stetig verbessern!

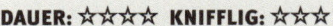

KREUZWEISE

DAUER: ★★★★ **KNIFFLIG:** ★★★

Kommst du drauf? Lege eine der hier gezeigten sechs Münzen so um, dass du eine Reihe und eine Spalte mit jeweils vier Münzen bekommst. Die Lösung: Die Münze von ganz rechts wandert auf die Münze der Kreuzmitte!

GELDHAUFEN

DAUER: ★★★★ **KNIFFLIG:** ★★★★★

Nächste Kopfübung: Führt fünf Geldstücke so zusammen, dass jedes Geldstück jedes andere berührt. *Puuuh, sonst noch was?!* Die hier gezeigte Lösung erfordert nicht bloß jede Menge Grips, sondern auch Fingerspitzengefühl: Drei Münzen liegen entspannt auf dem Tisch, während die Münzen 4 und 5 im Stile eines Kartenhäuschens obendrauf gestellt werden. Am besten klappt das übrigens mit drei 1-Euro-Münzen und zwei 1-Cent-Stücken!

MÜNZMAGNET

CHECK!

DAUER: ☆☆ **ÜBUNGSSACHE:** ☆☆

Lege eine Briefmarke (oder ein kleines Stück Papier) vor dich auf den Tisch, halte in leichtem Abstand ein 1-Euro-Stück flach darüber und puste wiederum in leichtem Abstand einmal kurz und kräftig auf das Geldstück. Nanu? Die Briefmarke hüpft nach oben zur Münze! Kann dein Kind das genauso gut wie du?

GELDREGEN I

CHECK!

DAUER: ☆☆☆☆ **AHA-EFFEKT:** ☆☆ ☆☆

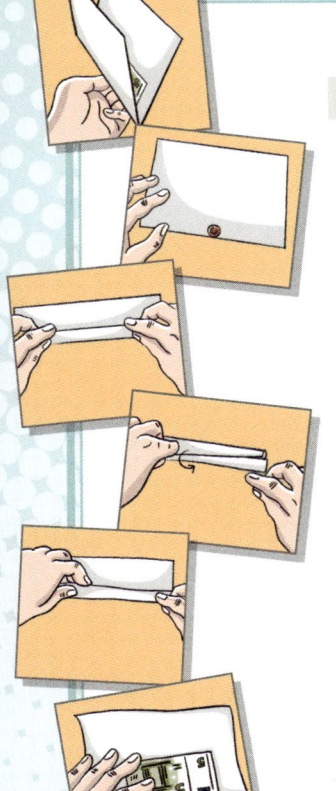

Das lohnt sich richtig: Du verwandelst ein 1-Cent-Stück in einen 10-Euro-Schein! Im Vorfeld faltest du ein weißes DIN-A4-Blatt auf DIN A5 zusammen und versteckst einen 10-Euro-Schein im Falz. Unter den wachsamen Augen deines Kindes legst du nun 1 Cent unten mittig an die Falzkante und rollst das Papier nach oben hin auf, um das Geldstück einzuwickeln. Dann nimmst du die obere der beiden Papierkanten (die untere bleibt liegen) und wickelst die Rolle nach unten hin wieder ab. Nicht zu schnell abrollen, damit das Geldstück kein Geräusch erzeugt, wenn es auf den Tisch fällt! Dein Kind ist ausnahmsweise sprachlos: Auf dem Papier liegt tatsächlich ein 10-Euro-Schein! *Jawoll-ja, Zauberei!* Und während du ihm den Schein zur Inspektion überreichst, lässt du das 1-Cent-Stück verschwinden, damit auch die Inspektion des Blattes keine Erkenntnisse über deine Zauberkunst liefert.

BANKDIREKTOR-ZAUBER

DAUER: ★☆☆☆☆ **AHA-EFFEKT:** ★★★★☆

Geld regiert die Welt – und du regierst das Geld! Bitte dein Kind, die sechsstellige Nummer eines beliebigen Geldscheins auf einem Zettel zu notieren – einmal normal, einmal in umgekehrter Reihenfolge. Dann soll es die kleinere Zahl von der größeren abziehen. Aus dem Ergebnis darf es eine beliebige Zahl außer 0 streichen. Zu guter Letzt soll es dir nacheinander die Ziffern ihres Ergebnisses ohne die gestrichene Zahl vorlesen. Nachdem du bislang entspannt an die Zimmerdecke geschaut und Däumchen gedreht hast, kommt jetzt der Bankdirektor in dir zum Vorschein: Geldgewandt nennst du deinem Kind die gestrichene Zahl – und hast (ausnahmsweise einmal) recht! Dein Geheimnis: Du rechnest die genannten Ziffern zusammen. Wenn das Ergebnis zweistellig ist, rechnest du diese beiden Ziffern zusammen. Ist die so erhaltene, einstellige Zahl eine 9, dann ist 9 gleichzeitig die gesuchte Zahl. Ist die so erhaltene, einstellige Zahl eine andere, dann ziehst du sie von 9 ab, und das Ergebnis dieser Rechnung ist die gesuchte Zahl. Klingt kompliziert? Ist es nicht, siehe hier:

Geldscheinnummer: 389501
Addition des Kindes: $389501 - 105983 = 283518$
Aus diesem Ergebnis streicht das Kind die 3 und liest vor: 2, 8, 5, 1, 8.
Du rechnest mit: $2 + 8 + 5 + 1 + 8 = 24$.
Da das Ergebnis 24 noch nicht einstellig ist, rechnest du beide Ziffern zusammen, also: $2 + 4 = 6$.
Da diese Zahl nicht 9 ist, ziehst du sie von 9 ab, also: $9 - 6 = 3$.
3 ist die gestrichene Zahl.

DAS GELD IST FUTSCH

CHECK!

DAUER: ★★★★ **ÜBUNGSSACHE:** ★★★

Übe diesen Trick mit deinem Kind, damit es als Zauberer bei der nächsten Familienfeier beeindrucken kann. Der Zauberer präsentiert dem Publikum eine leere Streichholzschachtel und bittet einen Zuschauer, ein Geldstück in die Schachtel zu legen und sie gut zu verschließen. Der Zauberer schüttelt die Schachtel – es klappert vernehmlich – und wirft sie dann dem Publikum entgegen: Sie ist leer! Der Trick an der Sache: Während des Schüttelns hat der Zauberer die Schachtel leicht zusammengedrückt und die Münze durch den so entstehenden Spalt in seine Hand gleiten lassen. Und während das Publikum noch mit der Inspektion der Schachtel beschäftigt ist, lässt der Zauberer die Münze unauffällig verschwinden ...

GELDREGEN II

CHECK!

DAUER: ★★ **AHA-EFFEKT:** ★★★★

Dieses Buch ist ein magisches Sparbuch. Es verdoppelt mein Geld in Nullkommanichts! Unter neugierigen Blicken klappst du das Buch auf, blätterst es einmal durch, um zu zeigen, dass es leer ist, legst fünf 20-Cent-Stücke hinein und klappst es wieder zu. Kurz warten und bis 10 zählen (erhöht die Spannung). Dann hältst du das Buch hochkant und schüttelst es auf und ab. Wahnsinn – zehn 20-Cent-Stücke purzeln heraus! Der Trick: Die übrigen fünf Münzen hattest du im Buchrücken versteckt. Klappt also nur mit gebundenen Büchern, nicht mit Taschenbüchern.

CHECK!

FINANZIELLER RÜCKBAU
FÜR BELIEBIG VIELE SPIELER

DAUER: ★★★ **KNIFFLIG:** ★★★★

Auf einem glatten Tisch türmst du rund 15 gleiche Münzen zu einem sauberen Stapel auf. Eine im Wert darunterliegende Münze dient als Schussstein. Bei einem Stapel aus 20-Cent-Stücken wäre der Schussstein also ein 10-Cent-Stück. Abwechselnd schnippen die Kinder den Schussstein nun aus ca. 10 cm Entfernung (je weiter weg, desto schwieriger) mit dem Zeigefinger kräftig gegen den Münzstapel. Wie ihr seht, wird die unterste Münze mit Karacho rausgeschossen, während der übrige Stapel stehen bleibt. Je schneller der Schussstein ist und je zentraler die unterste Münze getroffen wird, desto unversehrter bleibt der Stapel. Jetzt ist Teamwork angesagt: Schafft ihr es, den Stapel vollständig abzutragen, ohne dass er vorher fällt?

CHECK!

MÜNZEN-CURLING
FÜR BELIEBIG VIELE SPIELER

DAUER: ★★★★ **MIT VIELEN KINDERN:** ★★★★★

Lass die Kinder eine Zielscheibe auf ein Blatt malen und kennzeichnet die Ringe mit unterschiedlichen Werten – je näher zur Mitte, desto mehr Punkte (etwa vier Ringe mit 25, 50, 75 und 100 Punkten). Dann die Zielscheibe mit Klebeband flach auf den Tisch kleben, jedem Spieler sechs Münzen geben – je 1 Cent, 2 Cent, 5 Cent, 10 Cent, 50 Cent, 1 Euro – und diese mit farbigen Filzstiftpunkten markieren. Vom Startpunkt aus schnipst ihr nun abwechselnd mit dem Zeigefinger jeweils eine Münze Richtung Zielscheibe. Bereits auf der Zielscheibe liegende Münzen dürfen an- oder weggeschossen werden. Am Ende Punkte zählen: für jede Münze auf einem Ring die dort notierte Zahl. Münzen im Grenzbereich zweier Ringe bekommen die höhere Punktzahl. Wer die meisten Punkte hat, gewinnt.

MÜNZEN-SCHNAPPEN
FÜR BELIEBIG VIELE SPIELER

CHECK!

DAUER: ★★★★☆ **ÜBUNGSACHE:** ★★★★★

Lege dir eine Münze auf den Unterarm, dann lass den Arm ruckartig nach vorne schnellen und fang die Münze mit der Hand auf. Schnelligkeit, Präzision und Übung zählen hier! Sobald die Kids die Münze sicher fangen, wird gesteigert: Stapelt zwei, drei oder noch mehr Münzen aufeinander und schnappt sie euch!

ANGRY COINS
FÜR BELIEBIG VIELE SPIELER

CHECK!

DAUER: ★★★★★ **LAUT:** ★★★★☆

„Angry Birds" mal anders: Beschriftet die Fächer eines leeren Eierkartons mit unterschiedlichen Punktewerten und stellt ihn in geringer Entfernung vor euch auf den Boden. Vereinbart eine Wurflinie und stellt euch dahinter auf. Jeder Spieler hat sechs Münzen – je 1 Cent, 2 Cent, 5 Cent, 10 Cent, 50 Cent, 1 Euro –, die er mit einem farbigen Filzstiftpunkt als seine markiert. Schnippt die Münzen nun abwechselnd so mit Daumen und Zeigefinger in Richtung Eierkarton, dass sie sich in der Luft rasant um ihre eigene Achse drehen (S. 120). Es gewinnt der Spieler, der am Ende die meisten Punkte hat.

MEGA-TIPP

Hat dein Kind die Wurftechnik noch nicht so ganz raus,

CHECK!

VOLL & LEER

DAUER: ★★★ AHA-EFFEKT: ★★★★★

Stelle sechs Gläser nebeneinander und befülle jedes zweite von ihnen mit Wasser. Rufe dein Kind dazu und stelle ihm folgende Aufgabe: Drei volle und drei leere Gläser sollen nebeneinanderstehen. Es darf aber nur ein Glas berührt werden. Die Lösung: Das zweite Glas von links nehmen und den Inhalt in das leere Glas zwischen den beiden anderen vollen schütten.

CHECK!

GLÄSER KLINGEN

DAUER: ★★★★ LAUT: ★★★

Welch wunderbaren Töne man einem Glas doch entlocken kann! Es müssen keine Kristallgläser sein, auch Wein- und relativ dünnwandige Trinkgläser klingen. Befeuchte dafür deine Zeigefingerkuppe, bentze den Glasrand und lass die Fingerkuppe langsam und mit leichtem Druck um den Glasrand kreisen. Es geht darum, das richtige Gefühl für den Druck und den Vorschub des Fingers zu bekommen. Im Grunde ein Kinderspiel!

Also genau das Richtige für die Kids. Aber Vorsicht! Drückt nicht zu fest auf, das Glas und eure Finger sollen ja heile bleiben. Wenn ihr den Finger vom Glas nehmt, schwingt der Ton noch eine ganze Weile nach. Und je nachdem, wie hoch der Füllstand im Glas ist, erhaltet ihr einen unterschiedlichen Ton. Insofern: Sobald ihr den Dreh raushabt, mehrere Gläser unterschiedlich befüllen und ein Familienkonzert veranstalten!

SPIEGELSCHRIFT

CHECK!

DAUER: ✭✩✩ **AHA-EFFEKT:** ✭✭✩✩

Bitte dein Kind, auf einen Zettel in Großbuchstaben den Namen OTTO und seinen eigenen Namen zu schreiben. Jetzt haltet ihr den Zettel hinter ein volles Wasserglas und schaut hindurch. OTTO bleibt OTTO, aber der Name des Kindes erscheint in lupenreiner Spiegelschrift.

WASSERFLÖTE

CHECK!

DAUER: ✭✩✩ **MIT VIELEN KINDERN:** ✭✭✭✭✩

Soooo einfach: Fülle ein Glas mit Wasser und stecke einen Strohhalm hinein. Jetzt lass die Kinder leicht seitlich über das Ende des Halms pusten, und ihr werdet mit sanften Flötentönen belohnt! Je nachdem, wie tief ihr den Strohhalm ins Wasser drückt, ändern sich auch die Töne.

U-BOOT-FLOTTE

CHECK!

DAUER: ✭✩✩ **AHA-EFFEKT:** ✭✭✩

Ruf deine Kinder zusammen und gebt einen oder mehrere Knöpfe (es können auch relativ große und schwere sein) in ein Glas. Falls ihr gerade keine Knöpfe zur Hand habt: Irgendwo hinten im Schrank hängt sicher noch das eine oder andere Hemd mit Knopfleiste, das ohnehin schon seit Jahren nicht mehr zum Einsatz kommt. *Halt, stopp! Das war ein Scherz!!!* Befüllt das Glas mit stark sprudelndem Mineralwasser und wartet ab, was passiert. Die Knöpfe werden nach oben steigen und ggf. in stetem Wechsel sinken und steigen.

CHECK!

WASSER-KAMM

DAUER: ☆ AHA-EFFEKT: ☆☆☆

Bitte dein Kind, sich mit einem feinen Kamm (nicht mit einer Bürste) kräftig und ordentlich die Haare zu kämmen. Zur Belohnung darf es den Kamm in die Nähe eines dünnen Strahls aus dem Wasserhahn bringen. Wow – der Strahl bewegt sich auf den Kamm zu, und ihr könnt ihn sogar hin und her navigieren!

CHECK!

WASSER-LÖFFEL

DAUER: ☆ AHA-EFFEKT: ☆☆☆

Und wenn das Wasser eh schon mal läuft, dann nehmt jetzt einen leichten Kunststofflöffel locker zwischen Daumen und Zeigefinger und haltet ihn mit der nach außen gewölbten Fläche in einen Wasserstrahl. Was passiert? Der Löffel wird wie magnetisch angezogen!

WASSER-MESSER

CHECK!

DAUER: ☆ **AHA-EFFEKT:** ★★★

Oder was sagt dein Kind hierzu? Haltet die Klinge eines Brotmessers quer gestellt in einen ganz dünnen Wasserstrahl und experimentiert mit der Höhe zwischen Klinge und Wasserhahn. Wenn die Klinge relativ nah am Hahn ist und ihr genau hinschaut, werdet ihr sehen, dass der Wasserstrahl sich kräuselt!

WASSER-EI

CHECK!

DAUER: ☆ **AHA-EFFEKT:** ★★★

Oder so: Legt ein Ei vorsichtig in ein Glas und haltet das Glas unter den aufgedrehten Wasserhahn. Experimentiert mit der Stärke des Wasserstrahls – irgendwann wird das Ei bis ganz nach oben steigen!

MEGA-TIPP

Wenn ihr das Ei lieber in einem ruhenden Wasserglas

TASCHENTUCH AUF TAUCHGANG

DAUER: ☆ **AHA-EFFEKT:** ☆☆☆

Halte ein leeres Glas und ein Papierta-schentuch (oder ein Stück Küchenrolle) bereit und befülle die Spüle (oder eine tiefe Schüssel) mit Wasser. Die Aufgabe: Das Taschentuch soll unter Wasser getaucht werden, ohne dass es nass wird. Die Lösung: Du knüllst das Papier zusammen und stopfst es so in den Boden des Glases, dass es dort festsitzt. Dann drückst du das Glas mit der Öffnung nach unten zeigend senkrecht unter Wasser und wieder zurück. Siehe da: Das Papier hat keinen einzigen Tropfen Wasser abgekommen. Wow!

TROCKENTAUCHER

DAUER: ☆ **AHA-EFFEKT:** ☆☆☆☆

Befülle einen Eierbecher mit kaltem Wasser und schütte langsam und vorsichtig eine ordentliche Schicht fein gemahlenen Pfeffer auf die Wasserober-fläche. Lass dein Kind kurz seine Zeigefingerkuppe ins Wasser stecken und wieder hinaus ziehen. Der Finger ist noch trocken!

NASSTAUCHER

CHECK!

DAUER: ☆ **AHA-EFFEKT:** ☆☆☆☆

Gleicher Versuchsaufbau wie zuvor, allerdings mit weniger Pfeffer. Die Aufgabe: Dieses Mal soll der Finger beim Eintauchen nass werden, und es soll kein Pfeffer an ihm haften bleiben.

Die Lösung: Gib ein bis zwei Tropfen Spülmittel in die Mitte der Wasseroberfläche. Das Spülmittel drängt den Pfeffer an den Rand, und ihr könnt euren Finger pfefferfrei eintauchen.

TAUCHRINGE

CHECK!

DAUER: ☆ **AHA-EFFEKT:** ☆☆☆

Befülle ein Glas mit Wasser und warte, bis das Wasser komplett zur Ruhe gekommen ist. Dann gehe mit einer offenen Tintenpatrone dicht über die Wasseroberfläche und träufele vorsichtig einen Tropfen hinein. Die Tinte wird langsam zu Boden sinken dabei einen hübschen Ring formen.

CHECK!

RIESEN-GUMMIBÄRCHEN

DAUER: ☆ **AHA-EFFEKT:** ☆☆☆☆☆

Welches Kind träumt nicht davon, einmal in seinem Leben in ein Riesen-Gummibärchen zu beißen? Um deinen Kindern diesen Traum zu erfüllen, legt ihr abends vorm Schlafengehen ein paar der bunten Gesellen in ein Glas voll Wasser. Am nächsten Morgen dann die Überraschung: Die Bärchen haben zwar einiges an Farbe verloren, dafür sind sie um ein Vielfaches gewachsen! Ob sie noch genauso gut schmecken? Bleibt auszuprobieren ...

OOOPS!

CHECK!

STRAHLENDE WASSERFLASCHE

DAUER: ☆☆ **MIT VIELEN KINDERN:** ☆☆☆☆☆

Nimm eine leere Plastikflasche und steche im unteren Bereich seitlich mit einer Pinnnadel drei kleine Löcher im Abstand von rund 3–5 mm hinein. Weite die Löcher ruhig noch ein wenig aus. Dann halte die Löcher zu, befülle die Flasche mit Wasser und schraube den Deckel drauf. Wenn du jetzt den Finger von den Löchern nimmst, läuft wider Erwarten kein Wasser hinaus! Drückst du die Flasche leicht zusammen, dann schon. Und schraubst du den Deckel auf, dann erst recht. Übrigens: Wenn du mit dem Finger über die Löcher streichst, bündeln sich die drei Strahlen zu einem einzigen.

MEGA-TIPP

Lass die Kinder mit weiteren Löchern

TRICHTER-FONTÄNE

CHECK!

DAUER: ★★☆ **LAUT:** ★★★★★

Los, mein Kind, ab in die Badewanne! Folgendes Mini-Experiment: Dichte die kleine Öffnung eines umgedrehten Trichters mit einem Finger komplett ab. Drücke den Trichter dann so tief ins Wasser, dass nur noch eine kleine Spitze aus dem Wasser ragt. Was passiert, wenn du den Finger jetzt mit einer schnellen Bewegung zur Seite nimmst und die Öffnung wieder freigibst? Euch spritzt eine regelrechte Wasserfontäne entgegen!

MEGA-TIPP

Klappt auch, wenn ihr den Trichter

WASSER-JONGLEUR

CHECK!

DAUER: ★★☆ **ÜBUNGSSACHE:** ★★★

Fliehkräfte sind schon etwas Tolles! Ohne sie würden Drehkarusselle auf Spielplätzen und Kettenkarusselle (oder auch viele andere Fahrgeschäfte) auf Jahrmärkten nur halb so viel Spaß machen. Nutzen wir den Effekt für folgendes Spielchen: Wie lässt sich ein zur Hälfte mit Wasser gefüllter Becher kopfüber stellen, ohne einen Tropfen Wasser zu verlieren?

Die Lösung: Nimm den Becher wie hier gezeigt in die Hand und lass deinen Arm mit einem schnellen Schwung kreisen! Der Becher steht zwar nur den Bruchteil einer Sekunde kopfüber, aber immerhin. Lass die Bewegung sanft ausklingen, damit auch beim Abstoppen kein Wasser entweicht. Ach ja: am besten im Freien testen!

HOCHSTAPLER

DAUER: ★★★ **AHA-EFFEKT:** ★★★

Lass dein Kind eine Postkarte leicht versetzt auf ein Glas legen. Nun soll es auf das überstehende Ende kleine Münzen stapeln. Es wird ihm kaum gelingen! Du hast natürlich die Lösung: Fülle das Glas vorher absolut randvoll mit Wasser. Jetzt könnt ihr verblüffend viele Münzen stapeln, bevor die Postkarte runterkippt.

WASSERKAPSEL

BANG!

DAUER: ★ **ÜBUNGSSACHE:** ★★★

Befülle die Spüle (oder eine tiefe Schüssel) mit Wasser, halte zwei baugleiche Gläser hinein (sodass die Luft darin komplett entweicht) und drücke die Ränder beider Gläser unter Wasser genau aufeinander. In dieser Stellung kannst du die Gläser aus dem Wasser ziehen und senkrecht auf dem Tisch (oder vielleicht doch besser der Abtropffläche?) abstellen, ohne dass auch nur ein Tropfen Wasser entweicht! Dein Kind wird johlen! Also, lass es mal ordentlich krachen! Wenn du das obere Glas ein ganz klein wenig ankippst, solltest du in der Lage sein, eine kleine Münze im Glas zu versenken, wiederum ohne einen Tropfen Wasser zu vergeuden ... *Ist das nicht megacool?*

DURST MACHT ERFINDERISCH

CHECK!

DAUER: ★★★ **MIT VIELEN KINDERN:** ★★★★★

Stelle einen vollen Trinkbecher auf den Tisch und einen leeren umgedreht oben drauf. *Wetten, dass ich – ohne meine Hände zu benutzen – den unteren Becher leer trinken kann und die Becher hinterher wieder genauso da stehen?* Klar kannst du: Du klemmst den oberen Becher mit dem Kinn auf der Brust fest, greifst den unteren mit den Zähnen und trinkst ihn aus. Den Kopf dabei nicht zu stark nach hinten lehnen, damit der Becher unter dem Kinn nicht flöten geht; reguliere die Kippbewegung des Bechers besser mit den Zähnen. Dann den unteren Becher wieder absetzen und den unterm Kinn eingeklemmten Becher obendrauf setzen. Nur Mut, Übung macht den Meister!

WASSERFALLE

CHECK!

DAUER: ★★ **ÜBUNGSSACHE:** ★★

Nimm ein Glas oder einen Becher mit glattem Rand und befülle ihn bis zum Rand mit Wasser. Dann drücke die glatte Seite einer alten Postkarte fest auf den Rand, drehe beides zusammen um (fleißig weiter drücken) und stelle es auf einer glatten Oberfläche ab. Drücke von oben leicht auf den Becher bzw. das Glas und ziehe die Postkarte vorsichtig weg. Glückwunsch, die Wasserfalle ist nun scharf gestellt! Was so viel bedeutet wie: Das Wasser bleibt solange drin, bis jemand auf die Idee kommt, das scheinbar leere Glas bzw. den Becher hochzuheben ... *Finger weg!!!*

CHECK!

LÄUFT WIE GEÖLT

DAUER: ☆☆ **AHA-EFFEKT:** ☆☆☆☆

Wen das Hantieren mit Wasser im vorigen Beispiel noch nicht abgeschreckt hat, der darf mit seinem Kind gerne noch dieses kleine Experiment durchführen: Nehmt zwei kleine Schnapsgläser. Macht das erste randvoll mit Wasser und das zweite randvoll mit Speiseöl. Drückt eine Postkarte auf das Wasserglas, dreht es um und stellt es genau passend auf das Ölglas. Das Einzige, was die beiden Gläser jetzt noch voneinander trennt, ist die Postkarte. Die zieht ihr jetzt vorsichtig so weit zur Seite, dass ein kleiner Bereich zwischen beiden Gläsern geöffnet ist. Schon beginnt das Schauspiel: Öl und Wasser gleiten aneinander vorbei und tauschen die Positionen! Am Schluss die Karte wieder einschieben und das Ölglas mit der Postkarte behutsam umdrehen – so könnt ihr das Öl noch zum Kochen verwenden ...

CHECK!

RUSSLOS GLÜCKLICH

DAUER: ☆☆☆☆☆ **AHA-EFFEKT:** ☆☆☆☆☆

Greife einen Metalllöffel mit einem Topflappen am Stiel und halte die Löffelschale (auch „Laffe" genannt) so lange über eine Kerzenflamme, bis sie rundum schön rußig ist. Lass den Löffel abkühlen und halte ihn in ein Glas Wasser. *Potzblitz – der Ruß ist verschwunden!* Naja, nicht wirklich: Ziehst du den Löffel aus dem Wasser, sieht er noch immer so unappetitlich aus wie vorher. Nimm für dieses Experiment einen ausrangierten Löffel, da er durch die Hitzezufuhr anlaufen kann und sich der Ruß nur schwer entfernen lässt.

MEGA-TIPP

Der Effekt entsteht dadurch,

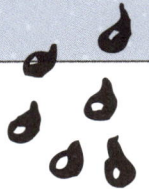

WÄRME IST RELATIV

CHECK!

DAUER: ★★☆ **AHA-EFFEKT:** ★★★★★

Lass dein Kind direkt mitmachen: Stellt drei Gläser vor euch hin. Das erste befüllt ihr mit sehr kaltem Wasser (am besten ein paar Eiswürfel einrühren), das zweite mit lauwarmem Wasser und das dritte mit heißem (nicht zu heißem!) Wasser. Steckt eure Zeigefinger zunächst ins kalte und anschließend ins lauwarme Wasser. Fühlt es sich halbwegs heiß an? Gut, machen wir's anders herum: Steckt eure Zeigefinger zuerst ins heiße und dann wieder ins lauwarme Wasser. *Nanu?* Jetzt fühlt sich das lauwarme Wasser plötzlich kalt an!

WASSERLEITUNG BAUEN

CHECK!

DAUER: ★★★ **AHA-EFFEKT:** ★★★★★

Dieses Experiment verschafft euch eine automatische Wasserleitung, bei der das Wasser sogar bergauf fließt!

IHR BRAUCHT zwei Töpfe; ein Stück (Garten-)Schlauch (ca. 1 m, nicht zu dick); Wasser.

Füllt den kleineren der beiden Töpfe mit Wasser und stellt ihn auf einen Tisch oder eine andere Erhöhung. Den größeren Topf stellt ihr unten auf den Boden. Das eine Ende des Schlauches ins Wasser halten, dann saugt einer so lange am anderen Ende, bis das erste Wasser durch den Schlauch kommt. Jetzt schnell das Schlauchende mit den Fingern abdrücken und über den leeren Topf unten halten; Finger weg, und schon fließt das Wasser vom oberen Topf unaufhörlich durch eure Leitung in den unteren hinein.

CHECK!

RANDVOLLER WUNSCHBRUNNEN
FÜR ZWEI SPIELER

DAUER: ★★★☆ AHA-EFFEKT: ★★★★

Bitte dein Kind ein Glas absolut randvoll mit Wasser zu füllen. Nun bekommt jeder ein paar kleine, gleiche Geldmünzen (z.B. 5- oder 10-Cent-Stücke). Die Münzen müsst ihr nun abwechselnd und ganz vorsichtig im Glas versenken, ohne dass es überläuft. Der Spieler, bei dem das Glas schließlich doch überläuft, hat verloren. Ihr werdet überrascht sein, wie viele Geldstücke ihr bis dahin versenkt habt!

CHECK!

SEIFENBLASENSCHIESSEN
FÜR ZWEI BIS SECHS SPIELER

DAUER: ★★★★★ LAUT: ★★★★★

Seifenblasen und Wasserpistolen, das klingt – zumindest in Kinderohren – wie Geburtstag und Weihnachten zusammen. Mach ihnen die Freude! Ein Spieler bläst fleißig Seifenblasen leicht nach oben, die anderen Spieler stehen seitlich zu ihm und versuchen, die Seifenblasen mit ihren Wasserpistolen abzuschießen. Keiner (vor allem nicht der Seifenblasenmacher) darf nass werden! Sobald die erste Seifenblase den Boden erreicht, wird gewechselt, und ein anderer Spieler macht die Seifenblasen.

MEGA-TIPP

Hervorragende Ersatz-Wasserpistolen

WASSERBOMBENFANGEN
FÜR BELIEBIG VIELE SPIELER

CHECK!

DAUER: ☆☆☆ **LAUT:** ☆☆☆☆☆

Normalerweise besteht der Spaß bei Wasserbomben ja darin, möglichst schnell jemanden damit zu erwischen, bevor man selbst erwischt wird. Es geht aber auch anders: Stelle dich mit den Kindern im Garten im Kreis auf und versucht, eine (nicht komplett gefüllte) Wasserbombe möglichst oft hin- und herzuwerfen, ohne dass sie platzt! Zählt bei jedem Wurf laut mit und versucht, euch immer weiter zu steigern. Kollaborative Hochspannung! Und kein Grund zur Beunruhigung: Nass werdet ihr früher oder später natürlich trotzdem.

RIESIGE BLASEN

CHECK!

DAUER: ☆☆☆☆☆ **AHA-EFFEKT:** ☆☆☆☆☆

Wirklich große Seifenblasen üben auf jedermann, egal welchen Alters, eine Faszination aus. Beim nächsten Draußen-Event wird's darum riesig!

IHR BRAUCHT 1 l lauwarmes Wasser; 70 ml Fairy Ultra Geschirrspülmittel (ja, bitte das Markenprodukt, weil scheinbar viele andere Geschirrspülmittel Zusätze enthalten, die blasenhemmend wirken); 2 TL Pulver-Tapetenkleister; eine große Schüssel; einen Rührstab; für die Angel: zwei Rundhölzer bzw. Stöcke (jeweils rund 1 m); feste Baumwollschnur (1 x 70 cm, 1 x 140 cm).

Für die Seifenblasenlösung vermischst du alle Zutaten, bis sich der Kleister vollständig aufgelöst hat. Vor Gebrauch gut durchrühren, möglichst sauber halten. Für die Angel die beiden Schnüre je an einem Ende der Stöcke festbinden (ggf. vorbohren). In jede Hand einen Stock nehmen, die Schnüre in die Lösung eintauchen und herausziehen, die Stab-Enden wie gezeigt behutsam auseinanderziehen und dabei leicht schwenken oder gegen den Wind halten. Schon gleitet eine super-duper Riesenseifenblase durch die Lüfte!

CHECK!

STEHENDES EI I

DAUER: ☆☆☆ AHA-EFFEKT: ☆☆☆

Stelle dein Kind vor die folgende Herausforderung: *Schaffst du es, ein rohes Ei aufrecht hinzustellen?* Bevor die ersten Eier zu Bruch gehen, hier die Lösung: Streut ein kleines Häufchen Salz auf den Tisch und stellt das Ei behutsam und gerade dort hinein. Jetzt pustet das Salz sanft und vorsichtig weg. Siehe da: Das Ei bleibt stehen! *Saubermachen nicht vergessen!*

CHECK!

STEHENDES EI II

DAUER: ☆☆☆☆☆ AHA-EFFEKT: ☆☆☆☆☆

Nimm dir ein ausgeblasenes Ei, befülle es zu rund einem Viertel mit Salz und verklebe die Löcher danach mit Alleskleber. Sobald der Kleber getrocknet ist, kann's losgehen: Das Ei wird aufrecht auf dem Tisch stehen bleiben. Ebenso gut kannst du es locker flockig auf dem ausgestreckten Zeigefinger balancieren. Sobald dein Kind das Ei selbst in die Hand nehmen darf, wird es dir und deiner Manipulation sicher auf die Schliche kommen!

CHECK!

ROH ODER GEKOCHT?

DAUER: ☆ AHA-EFFEKT: ☆☆☆

Hat dein Kind das gewusst? Wie lassen sich rohe von gekochten Eiern unterscheiden? Indem man sie auf einem glatten Tisch zum Drehen bringt! Rohe Eier rotieren aufgrund ihres flüssigen Inhalts schlingernd und relativ langsam und kurz. Gekochte Eier dagegen rotieren schnell und lange und richten sich sogar auf.

WER WILL NOCH EIN EI?

CHECK!

DAUER: ☆ **AHA-EFFEKT:** ☆☆☆☆☆

Tausendfach erprobter Frühstücks-Schabernack: Löffle dein Frühstücksei heimlich auf der Unterseite aus, stelle die leere Schale zurück in den Eierbecher und biete die Attrappe deinem Kind zum Verzehr an. Große Überraschung, gefolgt von leichter Empörung. Und jede Wette, dass dein Kind denselben Trick demnächst bei seinen Freunden versuchen wird ...

TOLLE KNOLLE

CHECK!

DAUER: ☆☆ **AHA-EFFEKT:** ☆☆☆☆

Wer schafft es, eine rohe Kartoffel auf dem Rand eines Glases zu balancieren? Kein Problem: rechts und links eine Gabel hineinstechen und etwas rumprobieren, bis das Gleichgewicht stimmt.

CHECK!

KARTOFFELTURM
AB ZWEI SPIELER

DAUER: ☆☆☆ **MIT VIELEN KINDERN:** ☆☆☆☆☆

Kleines Spielchen gefällig? Schnapp dir die Kinder und einen Batzen Kartoffeln (rund 2 kg). Jetzt versucht abwechselnd, innerhalb von einer Minute einen möglichst hohen Turm daraus zu bauen. Der Turm muss anschließend noch mindestens eine halbe Minute lang stehen.

CHECK!

PAPIERMESSER

DAUER: ☆☆ **AHA-EFFEKT:** ☆☆☆

Falte ein Stück Papier und lege es wie hier gezeigt um eine Messerklinge. Jetzt kannst du damit sogar eine Kartoffel durchschneiden, ohne dass das Papier zerschnitten wird. Ganz schön tricky, oder? Die Feuchtigkeit der Kartoffel wird dem Papier deutlich mehr zusetzen als das Messer.

APFEL-KARUSSELL

CHECK!

DAUER: ☆☆☆☆☆ **MIT VIELEN KINDERN:** ☆☆☆☆☆

So einfach, so gut! Hebt einen Apfel mit Daumen und Zeigefinger am Stiel hoch und dreht den Stiel zwischen den Fingern hin und her. Der Apfel reagiert bei der Anfahrt und beim Abstoppen des „Karussells" etwas träge und zeitversetzt, macht aber brav seine Runden. Wenn ihr es geschickt anstellt, merkt man nicht mal, dass ihr den Stiel zwischen den Fingern dreht. Starte eine kleinen Wettbewerb mit den Kindern: Wessen Apfel dreht sich am längsten? Denn früher oder später reißt der Stiel leider ab und der Apfel plumpst runter – also sorgt für eine weiche Unterlage! Aber im Obstkorb findet sich bestimmt noch das eine oder andere intakte Karussell.

STREITENDE ÄPFEL

CHECK!

DAUER: ☆☆☆ **MIT VIELEN KINDERN:** ☆☆☆☆☆

Nehmt euch zwei Äpfel und hängt sie nebeneinander an zwei Fäden auf. Der Abstand zwischen beiden Äpfeln sollte nur ein paar Zentimeter betragen. Freiwillige vor: Wer schafft es, die beiden Äpfel auseinander zu pusten? Keiner. Denn je stärker ihr pustet, desto mehr werden sich die Äpfel aufeinander zu bewegen (es sei denn, ihr wendet einen kleinen Trick an und haltet gleichzeitig eure flache Hand in leichtem Abstand hinter die Äpfel). Was soll's – drehen wir den Spieß einfach um: Wer schafft es, so stark zu pusten, dass sich die Äpfel küssen?

CHECK!

ZITRO MIO!

DAUER: ★★★ **ÜBUNGSSACHE:** ★★★

Taschengeldverteilung einmal anders! Fülle eine Schüssel mit Wasser und lass eine Zitrone darin schwimmen. Jetzt drückst du deinem Kind eine 1-Euro-Münze in die Hand und verkündest die Aufgabe für heute: Wenn es es schafft, dass die Münze mindestens fünf Sekunden lang auf der Zitrone liegen bleibt, darf es das Geld behalten. Keine leichte Aufgabe ...

CHECK!

SCHWEBENDES MESSER

DAUER: ★★★★★ **AHA-EFFEKT:** ★★★★★

Mit diesem einfachen Trick lässt du ein Messer auf scheinbar magische Weise schweben. Klemme den – möglichst flachen – Griff des Messers (oder einen anderen, länglich flachen Gegenstand) wie hier gezeigt vor den Mittelfinger deiner linken Hand und verschränkte die übrigen Finger ineinander. Fertig ist die Illusion!

MEGA-TIPP

Halte die Daumen zunächst noch hinter dem Messer,

KÜCHENSCHRECK

CHECK!

DAUER: ☆ **ÜBUNGSSACHE:** ☆☆☆

Um die müde Tischgesellschaft aus ihrer Lethargie zu reißen, balancierst du heute mal – wie hier gezeigt – seelenruhig eine Tasse auf dem Tellerrand. Scherbenhaufen? Fehlanzeige.

LÖFFELNASE

BAM!

CHECK!

DAUER: ☆☆☆ **ÜBUNGSSACHE:** ☆☆☆

Klassiker-Alarm: Nimm einen Teelöffel aus Metall und setz ihn dir mit der nach innen gewölbten Seite auf die Nasenspitze. Der Griff zeigt nach unten. Schiebe ihn ein bisschen hin und her, bis du die richtige Position gefunden hast, in der er von alleine hält. Dann vorsichtig loslassen und das Kind staunen lassen: Der Löffel scheint an deiner Nase zu kleben! Funktioniert besonders gut bei Kindernasen und geht noch leichter, wenn ihr den Löffel vorher ein wenig anhaucht.

CHECK!

VERBOGENER LÖFFEL

DAUER: ★☆☆ **ÜBUNGSSACHE:** ★☆☆

Dieser Trick erfordert etwas Übung (am besten vorm Spiegel), dafür bleibt der Löffel heile. Du stellst einen großen Löffel mit beiden Händen senkrecht auf eine Tischplatte. Das Publikum muss frontal zu dir sitzen und auf die nach innen gewölbte Seite der Löffelkelle schauen. Für sie scheint es, als würden deine Hände den Löffel komplett umschließen. In Wirklichkeit hältst du ihn nur mit Ringfinger und kleinem Finger der unteren Hand, alle anderen Finger liegen vor dem Stiel. Jetzt drückst du die Kelle mit gespielter Anstrengung auf den Tisch und kippst den Stiel gleichzeitig langsam nach hinten, während deine Hände in der ursprünglichen, senkrechten Haltung bleiben und den gekippten Stiel vor den Blicken schützen. Es sieht aus, als würdest du den Löffel verbiegen! Bevor dir jemand auf die Schliche kommt, „biegst" du den Löffel – *Hokuspokus!* – wieder gerade.

CHECK!

MAGNETISCHE WALNUSS

DAUER: ★★☆ **AHA-EFFEKT:** ★★★★★

Um eine Walnuss magnetisch zu machen, muss man sie bloß lange genug reiben! Soweit deine Behauptung. Während die Sprösslinge ihrerseits ihr Glück versuchen, drückst du die Nuss beim Reiben so kräftig zusammen, dass sich ein kleiner Spalt zwischen den beiden Hälften auftut. In diesen Spalt klemmst du ein kleines bisschen Haut deines Fingers ein und – wer hätte es gedacht? – die Nuss bleibt hängen!

RIESENSTROHHALM BAUEN

CHECK!

DAUER: ★★★ **MIT VIELEN KINDERN:** ★★★★★

Schnapp dir die Kinder, ein paar Strohhalme und eine Schere. Schneidet jeweils ein Ende der Strohhalme rund 1 cm tief ein. Jetzt könnt ihr sie Stück für Stück ineinanderstecken, indem ihr die eingeschnittenen Enden in die normalen schiebt. Fertig ist der Riesenstrohhalm! Wer einen Rekordversuch startet, wird feststellen, dass das Ansaugen mit zunehmender Länge immer schwerer fällt.

TISCHFEUERWERK

CHECK!

DAUER: ★★ **AHA-EFFEKT:** ★★★

Klemm dir ein Stück Orangenschale mit der Außenseite zwischen Daumen und Zeigefinger. Halte sie in kurzem Abstand seitlich neben eine Kerzenflamme – wenn du die Schale jetzt zusammendrückst, spritzen winzige Tröpfchen mit ätherischen Ölen in die Flamme und versprühen schöne Funken und einen angenehmen Duft.

ZUCKERLICHT

CHECK!

DAUER: ★★ **AHA-EFFEKT:** ★★★★

Bewaffne dich mit zwei Würfeln Zucker und gehe mit deinem Kind in einen stockdunklen Raum. Jetzt die Würfelstücke kräftig aneinander reiben, und siehe da: Es werde Licht! Zwar nur ein mattes Leuchten, aber wer hätte das vorher geglaubt?

CHECK!

SUPERKLEBER

DAUER: ☆☆☆☆ **AHA-EFFEKT:** ☆☆☆

IHR BRAUCHT ½ Tasse Mehl; ½ Tasse Zucker; ¼ Tasse heißes Wasser; ein Glas mit Schraubverschluss; einen Schneebesen.

Dieser Kleister aus Zucker und Mehl ist schnell gemacht, absolut ungiftig und klebt hervorragend Materialien wie Pappe und Papier! Die Kids werden die Panscherei lieben!

Mehl und Zucker in ein Glas füllen, heißes Wasser dazugeben und alles mit dem Schneebesen zu einer gleichmäßigen Matschepampe verrühren. Fertig! Alternativ spielt ihr einfach Barkeeper, schraubt den Deckel auf das Glas und schüttelt es kräftig durch. Wenn ihr das Glas im Kühlschrank aufbewahrt, hält sich der Kleber rund drei Monate lang.

CHECK!

PLATT GEMACHT!

DAUER: ☆☆☆☆ **AHA-EFFEKT:** ☆☆☆

Spendiere deinem Kind eine Runde Joghurt. Dann spült die leeren Becher aus und stellt sie mit dem Boden nach oben auf ein mit Backpapier ausgelegtes Backblech. Heizt den Backofen auf rund 180 °C vor, schiebt das Backblech rein und schaut zu, was passiert: Langsam verbiegen sich die Becher, und nach ca. 2–3 Minuten sind sie zu flachen Scheiben geworden! Ofen ausmachen, Klappe öffnen und alles abkühlen lassen. Wenn die Becher außen bedruckt waren (oder ihr mit einem Filzmarker vorher etwas draufgeschrieben habt), ist auf den Scheiben weiterhin alles gut zu erkennen, wenn auch kleiner und rundlich verformt. Gut lüften bei diesem Experiment!

DOSENHEBER

CHECK!

DAUER: ★★☆ **AHA-EFFEKT:** ★★★★★

Das nächste Mal, wenn du eine Konservendose öffnest, tue das auf der Unterseite, sodass du die leere Dose später neben eine identische, aber volle Dose auf den Tisch stellen kannst. Jetzt bitte dein Kind, die beiden Dosen mit ausgestreckten Armen gleichzeitig und gleichmäßig schnell hochzuheben. Wetten, dass das nicht gelingt?

NASE ZU & DURCH!

CHECK!

DAUER: ★★★★★ **AHA-EFFEKT:** ★★★★★

Kinder können in Bezug auf Essen zuweilen sehr launisch und wählerisch sein. Da hilft manchmal bloß: Nase zu und durch! Kleines Experiment gefällig? Schneide im Vorfeld einige in etwa identische Würfel aus Apfel, Karotte, Kartoffel und Zwiebel zurecht. Das Kind bekommt die Augen verbunden und muss sich die Nase zuhalten. Jetzt fütterst du es Stück für Stück mit den Würfeln, und es soll raten, um was es sich jeweils handelt. Viel Spaß dabei!

CHECK!

FLASCHENKÜHLER

DAUER: ☆ **AHA-EFFEKT:** ☆☆☆☆☆

Sommer, Sonne, stark erhitzte Getränkeflaschen? Muss nicht sein. Dein heißer Tipp an deine Kids: Wickelt die Flasche einfach in ein nasses Handtuch oder einen nassen Strumpf ein und lasst sie in der Sonne liegen. Das physikalische Zauberwort lautet Verdunstungskälte. Die Flasche bleibt so nicht einfach bloß kühl, sie kann sogar noch kühler werden.

CHECK!

ESSIG & ÖL

DAUER: ☆☆ **AHA-EFFEKT:** ☆☆☆

Suche dir eine kleine Flasche mit Korkverschluss und befülle sie zu jeweils einem Drittel mit Öl und Balsamico Essig. Korken drauf und schütteln. Kurz darauf der erste Überraschungseffekt für die staunenden Kleinen: Die beiden Flüssigkeiten werden sich mit zunehmender Dauer wieder sauber und ordentlich separieren. Der Essig sinkt nach unten, das Öl schwimmt oben. Daraus abgeleitet folgende Überlegung: warum zwei Flaschen für Essig und Öl mit zum Picknick schleppen, wo doch eine Flasche ggf. ausreicht? Das Öl aus der Flasche zu gießen, ist ein Klacks. Und um an den Essig zu kommen, dreht ihr die verschlossene Flasche einfach auf den Kopf (sodass der Essig in den Flaschenhals wandert) und zieht den Korken behutsam ein kleines Stückchen heraus – schon fließt der Essig aus der Flasche.

HOCH DIE KORKEN!

CHECK!

DAUER: ★★☆ **KNIFFLIG:** ★★★★

Stelle zwei Korken aufrecht nebeneinander auf den Tisch, sodass sich die Seiten berühren. Jetzt darf dein Kind fleißig versuchen, sie hochzuheben – allerdings nur mit Zeige- und Mittelfinger einer Hand. Der Daumen darf nicht zur Hilfe genommen werden. Eine knifflige Aufgabe. Und die Lösung? Die Finger beim Hochheben wie hier gezeigt krümmen.

PFANNKUCHEN-OLYMPIADE

CHECK!

DAUER: ★★☆ **ÜBUNGSSACHE:** ★★★★

Wenn zu Hause das nächste Mal Pfannkuchen bzw. Eierkuchen auf dem Speiseplan steht, verblüffe dein Kind mit dem guten alten Schwenk mit der Pfanne! Beschichtete Pfannen sind wesentlich besser geeignet als unbeschichtete. Auch die Form des Rands macht Unterschiede. Aber wird schon. Achte beim Hochwerfen der Pfannkuchen einfach darauf, die Pfanne nach hinten zu ziehen. Dadurch dreht er sich in der Luft.

MEGA-TIPP

Fortgeschrittene Performance:

CHECK!

WEINTRAUBEN-SCHNAPPEN

DAUER: ★★★★☆ LAUT: ★★★

Köstlicher Zeitvertreib: Weintrauben, Rosinen oder Schokolinsen hochwerfen und mit dem Mund wieder auffangen. Kennt jeder. Und macht
trotzdem immer wieder Spaß! Mit den Kids zusammen wird im Handum-
drehen noch ein Spielchen draus: Wer wirft am höchsten? Oder besser
noch: Auf welcher Distanz könnt ihr euch die kleinen Gaumerfreuden
gegenseitig zuwerfen und auffangen?

CHECK!

TOAST ODER SALZSTANGEN?

DAUER: ★★ MIT VIELEN KINDERN: ★★★★★

Kleine Wette gefällig? Die Aufgabe für die Kinder: Wer schafft es, eine Scheibe
Toastbrot in einer Minute zu essen – ungetoastet wohlgemerkt? Und wer schafft
es, 20 Salzstangen in einer Minute zu essen? Geschafft würde bedeuten, alles ist
runtergeschluckt. Und es darf nichts dazu getrunken werden. Beim Toastbrot mag
der eine oder andere vielleicht noch erfolgreich sein, bei den Salzstangen dagegen wohl kaum.

BUNTES BACKEN

CHECK!

DAUER: ★★★★★ **MIT VIELEN KINDERN:** ★★★★★

In der kindlichen Backstube darf es auch mal bunt zugehen. Kuchen oder Plätzchen farbenfroh zu dekorieren, ist ein alter Hut. Den Teig einzufärben, ist zwar auch nichts Neues, an dieser Stelle aber trotzdem ein paar Zeilen wert. Denn mit ein bisschen Fantasie und Geschick lassen sich tolle Regenbogenkuchen, Papageienkuchen und Zebrakuchen zaubern. Lebensmittelfarben machen die Sache schnell und einfach. Kakao färbt den Teig braun, Aktivkohle bzw. Kohletabletten machen ihn fast schwarz. Matcha-Grüntee-Pulver ergibt ein schönes Grün mit leichter Geschmacksnote. Rote-Bete-Pulver ist geschmacklos – im positiven Sinne – und färbt je nach Menge rosa bis dunkelrot. Es muss übrigens keineswegs nur Rühr- oder Biskuitteig sein, auch Joghurt- oder Käsekuchenteig lässt sich herrlich einfärben!

MEGA-TIPP

Aller Kinder Leibspeise:

CHECK!

BRAUSEPULVER

DAUER: ☆☆☆☆☆ **MIT VIELEN KINDERN:** ☆☆☆☆☆

IHR BRAUCHT (für 150 g) 75 g Puderzucker; 25 g Natron; 25 g Zitronensäure; 25 g Wackelpuddingpulver; ein Glas mit Schraubverschluss.

Schüttet die Zutaten in das Glas, Deckel drauf, kräftig durchschütteln, fertig! Falls es zu sauer schmeckt, mehr Puderzucker hinzugeben. Falls es nicht sauer genug schmeckt, mehr Zitronensäure hinzugeben. Bitte aber Vorsicht beim Umgang mit der Zitronensäure: Nicht einatmen und keinesfalls in die Augen streuen oder reiben! Das Brausepulver wird klassisch mit Wasser angerührt oder direkt geschleckt. Tipp am Rande: Nur in Maßen verzehren! Sonst gibt's Bauchschmerzen.

CHECK!

KARAMELLBONBONS

DAUER: ☆☆☆☆☆ **MIT VIELEN KINDERN:** ☆☆☆☆☆

IHR BRAUCHT (für 150 g) 40 g Butter; 100 g Zucker; 3 EL Milch; eine beschichtete Pfanne; einen Rührlöffel; einen Teelöffel; Backpapier.

Etwas heikel, aber mit Aufsicht wird's schon klappen. Schmelzt die Butter in der Pfanne und rührt den Zucker ein, alles unter Rühren aufkochen lassen. Ist die Konsistenz flüssig, senkt ihr die Hitze auf mittlere Temperatur, gießt die Milch hinzu und rührt fleißig weiter, bis ein geschmeidiger, brauner Karamell entsteht. Den gebt ihr mit einem Teelöffel portionsweise auf ein Stück Backpapier und lasst ihn erkalten. Doch Vorsicht: Deine Kids wären nicht die ersten Leckermäuler, die sich hier die Zunge verbrennen! Darum wirklich gut abkühlen lassen.

MINI-EIS AM STIEL

DAUER: ☆☆☆☆☆ **MIT VIELEN KINDERN:** ☆☆☆☆☆

IHR BRAUCHT eine Zitrone; zwei Orangen; 3 EL Wasser; 1 EL Zucker; eine Zitronenpresse; eine Schüssel; einen Rührlöffel; eine Eiswürfelform; Zahnstocher.

Orangen und Zitrone auspressen, Saft in einer Schüssel mit Wasser verdünnen. Den Zucker hinzugeben, gründlich unterrühren, alles in eine Eiswürfelform gießen und ab ins Gefrierfach. Nach rund einer Stunde (wenn der Saft schon leicht angefroren ist) schnell noch einen Zahnstocher in jeden Würfel stecken. Nach weiteren rund zwei Stunden ist der Mini-Eis-Genuss fertig!

KIRSCHKERN-SPUCKEN

DAUER: ☆☆☆☆ **LAUT:** ☆☆☆

Das Kirschkernspucken ist ein gesellschaftlich höchst anerkannter Sport und mindestens ebenso etabliert wie das Weintraubenschnappen (S. 162). Wer trifft welches Ziel auf welche Entfernung? Wer kann die größte Menge an Kirschkernmunition in seinen Backen einlagern? Und wer hat anschließend die schnellste Schussquote pro Minute? Der richtige Wettbewerb für den Garten!

QUARK

DAUER: ☆☆☆☆☆ **MIT VIELEN KINDERN:** ☆☆☆☆☆

IHR BRAUCHT (für ca. 240 g) 1 l Buttermilch; eine Ofenform mit Deckel; eine große Schüssel; ein Sieb; ein Geschirrtuch.

Die Arbeitsschritte sind schnell und einfach, trotzdem dauert es rund fünf Stunden, bis euer Quark genussfertig ist. Und das ist schon die schnelle Methode – die langsame Methode würde ganze zwei Tage dauern. Gießt die Buttermilch in eine saubere, ofenfeste Form und setzt einen Deckel drauf. Die Form muss für zwei Stunden bei 100 °C in den Backofen und anschließend noch zwei Stunden abkühlen. Jetzt braucht ihr eine große saubere Schüssel, ein großes sauberes Sieb und ein sauberes Geschirrtuch. Hängt das Sieb in die Schüssel und breitet das Tuch darüber aus. Kippt die Quarkmasse auf das Tuch, wickelt sie darin ein und presst die Molke aus. Jetzt lasst ihr die Masse im Tuch noch mal ein bis zwei Stunden ruhen, sodass auch das letzte bisschen Molke noch abtropfen kann. Fertig! Frisches Obst reinschneiden, etwas Zimt dazu – einfach lecker!

APFELRINGE

DAUER: ★★★★★ **MIT VIELEN KINDERN:** ★★★★★

IHR BRAUCHT Äpfel; eine Zitrone; einen Kerngehäuseausstecher; eine Zitronenpresse; Backpapier; ein Backblech; einen Kochlöffel.

Die Äpfel waschen und die Kerngehäuse entfernen. Das geht am besten mit einem Kerngehäuseausstecher, zur Not aber auch vorsichtig mit dem Messer. Wer möchte, kann die Äpfel ringsum schälen. Dann schneidet ihr sie in Scheiben: Für weiche Apfelringe sollten die Scheiben rund 1 cm dick sein, für Apfelchips dagegen deutlich dünner. Die Zitrone auspressen und Ring für Ring damit beträufeln (so bleiben sie auch nach dem Trocknen noch schön hell). Backpapier auf ein Backblech legen und die Apfelringe gleichmäßig darauf verteilen, ohne dass sie sich gegenseitig berühren. Das Blech bei 50 °C Umluft in den Ofen schieben und für mindestens vier Stunden durchtrocknen lassen. Wer keinen Umluftherd hat, verwendet einfach 50 °C Ober-/Unterhitze und klemmt für die nötige Entlüftung einen nicht brennbaren Löffel in der Ofenklappe ein (Achtung: Löffel wird heiß!). Zwischendurch die Apfelringe zwei- bis dreimal wenden und kontrollieren, wie weit fortgeschritten die Trocknung schon ist. Nach dem Auskühlen in einem luftdichten Gefäß lagern. Oder direkt auffuttern!

MEGA-TIPP

Falls ihr die Äpfel geschält habt, legt die Schalen einfach mit in den Backofen. Die getrockneten Äpfelschalen könnt ihr später zum Beispiel unter ein Knabbermüsli mischen oder sogar eichen Apfeltee daraus herstellen.

ZAP!

NUDELN MACHEN

DAUER: ☆☆☆☆☆ **MIT VIELEN KINDERN:** ☆☆☆☆☆

IHR BRAUCHT (für 4 bis 6 Personen) 400 g Mehl (Type 405 oder 550); 4 Eier; 1 EL Olivenöl; 1 Prise Salz; Wasser; eine Schüssel; Frischhaltefolie; eine Nudelmaschine oder ein Messer.

Teil 1 – den Teig herstellen. Gebt das Mehl mit einer Prise Salz in eine Schüssel und formt eine Mulde hinein. Die Eier hineinschlagen, das Öl dazugeben und jetzt alles miteinander vermengen. Die noch krümelige Masse mit den Handballen auf einer mit Mehl bestreuten Arbeitsfläche wieder und wieder kneten. Nach rund zehn Minuten sollte der Teig elastisch und glänzend sein. Wenn er zu trocken ist, gebt etwas Wasser hinzu. Wenn er zu klebrig ist, gebt etwas Mehl hinzu. Ein guter Teig klebt nicht an den Händen. Geschafft? Dann rollt den Teig zu einer großen Kugel zusammen, wickelt ihn in Frischhaltefolie ein und lasst ihn rund eine halbe Stunde bei Zimmertemperatur stehen.
Teil 2 – die Nudeln formen. Eine Nudelmaschine hilft an dieser Stelle ungemein. Und wer keine hat, tut immerhin etwas für seine Fitness: den Teig auf der bemehlten Arbeitsfläche mit einem Nudelholz möglichst flach ausrollen und dann in lange, dünne Streifen schneiden. Kurz antrocknen lassen, und dann ab in den Kochtopf damit. Falls ihr sie zum Verschenken oder für eine spätere Pasta-Session trocknen wollt, könnt ihr die Nudeln nebeneinandergelegt bei 50 °C im Backofen durchtrocknen oder sie für ein bis zwei Tage nebeneinander über ein paar dünne Stäbe hängen.

BAM!

BUNTES POPCORN

DAUER: ☆☆☆☆☆ **MIT VIELEN KINDERN:** ☆☆☆☆☆

IHR BRAUCHT Puffmais; Puderzucker; Wasser; Lebensmittelfarbe;einen be- schichteten Kochtopf mit Deckel; eine kleine Rührschüssel; eine große Schüs- sel mit Deckel.

Den Boden des Topfes mit Mais bedecken, Deckel drauf und bei höchster Stufe auf den Herd stellen. Bei einem Elektroherd oder einem Glaskeramik-Kochfeld könnt ihr die Hitze abschalten, sobald die ersten *PLOPPS* ertönen. Bei einem Gas- oder Induktionsherd die Hitze nur auf mittlere Stufe reduzieren. Den Topf hin- und herrütteln, damit möglichst viele Maiskörner poppen und bereits gepoppte Körner nicht anbrennen. In der großen Schüssel auskühlen lassen.

Dann in der kleinen Schüssel 2 EL Puderzucker, 1 TL Wasser und ½ TL Lebensmittelfarbe (z. B. Grün) mischen und das bunte Wasser über das Pop- corn gießen. Den Deckel auf die Schüssel und alles ordentlich durchschütteln, fertig!

MEGA-TIPP

Probiert auch mal, Popcorn mit ~~Kakao...~~

SCHNELLRECHNER I

DAUER: ★★★★☆ **AHA-EFFEKT:** ★★★★★

Ein bisschen Kopfrechnen sollte dein Kind beherrschen, dann ist dieser Trick ein Klacks, mit dem ihr bei den richtigen Leuten ordentlich Eindruck schinden könnt. Auf einem Zettel schreibst du untereinanderweg eine scheinbar willkürliche Reihe von Zahlen, beginnend mit der 1. Wenn einer der Anwesenden irgendwann *Stopp!* ruft, hat dein kleiner Mathe-König blitzschnell die Summe der bis dahin aufgeschriebenen Zahlen ausgerechnet. Wie er das schafft? Jede von dir neu aufgeschriebene Zahl hat den doppelten Wert der vorangegangen (nach 1 kommt 2, dann 4, 8, 16, 32 usw.). Dadurch entspricht die Summe aller Zahlen exakt dem Doppelten der zuletzt aufgeschriebenen Zahl minus 1. Beim hier gezeigten Beispiel lautet das Ergebnis 1023 (2 x 512 – 1). *Alles roger?*

1

2

4

8

16

32

64

128

256

512

SCHNELLRECHNER II

DAUER: ★★★★★ **AHA-EFFEKT:** ★★★★★

Zugegeben, die vorangegangene Nummer hält der Prüfung findiger Mathe-Füchse vielleicht nicht sonderlich lange stand. Diese Nummer hier ist schon etwas verblüffender: Lass dein Kind eine beliebige fünfstellige Zahl auf einen Zettel schreiben. Dann bittet ihr eine dritte Person, eine weitere beliebige fünfstellige Zahl darunterzuschreiben. *Darf ich auch mal?*, fragst du und schreibst eine dritte Zahl darunter – dabei müssen allerdings die untereinanderstehenden Ziffern der zweiten Zahl und deiner Zahl jeweils 9 ergeben.

Jetzt ist wieder die dritte Person dran und darf die nächste fünfstellige Zahl darunterschreiben. *Ich will auch noch mal!*, rufst du und schreibst eine fünfte Zahl darunter, bei der wiederum die untereinanderstehenden Ziffern der vierten Zahl und deiner Zahl jeweils 9 ergeben. *Genug gespielt!*, ruft dein Kind, *jetzt mal bitte alle fünf Zahlen zusammenrechnen!* Und während die dritte Person noch emsig dabei ist, alles auszurechnen, hat dein Kind die richtige Zahl längst aufgeschrieben – denn was nur ihr beide wisst: Das Ergebnis entspricht der zuerst aufgeschriebenen Zahl minus 2 und mit vorangestellter 2. Beispiel: Wenn die erste Zahl 63845 ist, ist das Ergebnis 263843. Damit der Trick noch schwieriger zu durchschauen ist, sollte die zuallererst aufgeschriebene Zahl mit einer 1 enden (dadurch ändern sich beim Ergebnis die letzten beiden Ziffern).

Kind	→	56231
3. Person	→	38924
Du	→	61075
3. Person	→	82735
Du	→	17264
Kind	→	256229

CHECK!

SCHNELLRECHNER III

DAUER: ★★☆ **AHA-EFFEKT:** ★★★★

> 1, 25, 3, 17, 11, 5, 21, 7, 29, 13, 23, 9, 27, 19, 15
> 2, 30, 15, 19, 27, 11, 23, 7, 18, 14, 3, 22, 10, 26, 6
> 4, 13, 5, 28, 6, 22, 15, 21, 14, 20, 23, 7, 29, 30
> 8, 10, 26, 9, 15, 29, 27, 12, 24, 30, 13, 25, 11, 14, 28, 12
> 16, 22, 20, 28, 21, 24, 17, 26, 30, 19, 27, 29, 18, 25, 23

Dein Kind denkt sich eine Zahl zwischen 1 und 30. Daraufhin zeigst du ihm die Zahlentafel oben und bittest darum, dir die Farben aller Reihen zu nennen, in denen die gedachte Zahl vorkommt. Du weißt sofort, um welche Zahl es sich handelt, denn du brauchst nur die jeweils ersten Zahlen der genannten Farbreihen zu addieren. Hätte dein Kind genauso gut gekonnt!

CHECK!

FALSCHRECHNER

DAUER: ★★☆ **AHA-EFFEKT:** ★★★★

Alle Mann fertig zum Kopfrechnen?! Lektion 1: Addition. Wir beginnen mit 1000 und addieren 40 hinzu. Jetzt addieren wir nochmal 1000 dazu. Jetzt 30. Jetzt wieder 1000. Jetzt 20. Wieder 1000. Und zu guter Letzt addieren wir 10 dazu. Wie lautet das Ergebnis? Wer auf 5000 kommt, kann sich damit trösten, dass er sicherlich nicht der Einzige ist, der falsch aufgerundet hat. Die richtige Lösung lautet 4100.

HELLSEHENDER BÜCHERNARR

DAUER: ★★★ **KNIFFLIG:** ★★★

Bevor du deine hellseherischen Fähigkeiten präsentierst, schlägst du die Seite 108 dieses Buches auf und notierst dir das neunte Wort von dort. Der Zettel kommt in einen Umschlag, zukleben, los: Bitte dein Publikum, sich eine dreistellige Zahl auszudenken, bei der alle drei Ziffern unterschiedlich sind. Ein Freiwilliger wird zum „Großen Mathematiker" ernannt und schreibt diese Zahl einmal normal und einmal in umgekehrter Reihenfolge auf einen Zettel – die größere der Zahlen steht oben. Nun zieht er die kleinere von der größeren Zahl ab. Das Ergebnis wird wiederum einmal normal und einmal in umgekehrter Reihenfolge notiert. Diese beiden Zahlen addiert er nun miteinander – und wenn ihm kein Fehler unterlaufen ist, sollte das Ergebnis 1089 lauten. Jetzt bittest du jemanden, in diesem Buch die Seite 108 aufzuschlagen und das neunte Wort vorzulesen, während du den Umschlag öffnest und zur großen Überraschung aller den Zettel mit dem richtigen Wort hervorzauberst!

VERFLIXTE 21

DAUER: ★★★★ **KNIFFLIG:** ★★★★

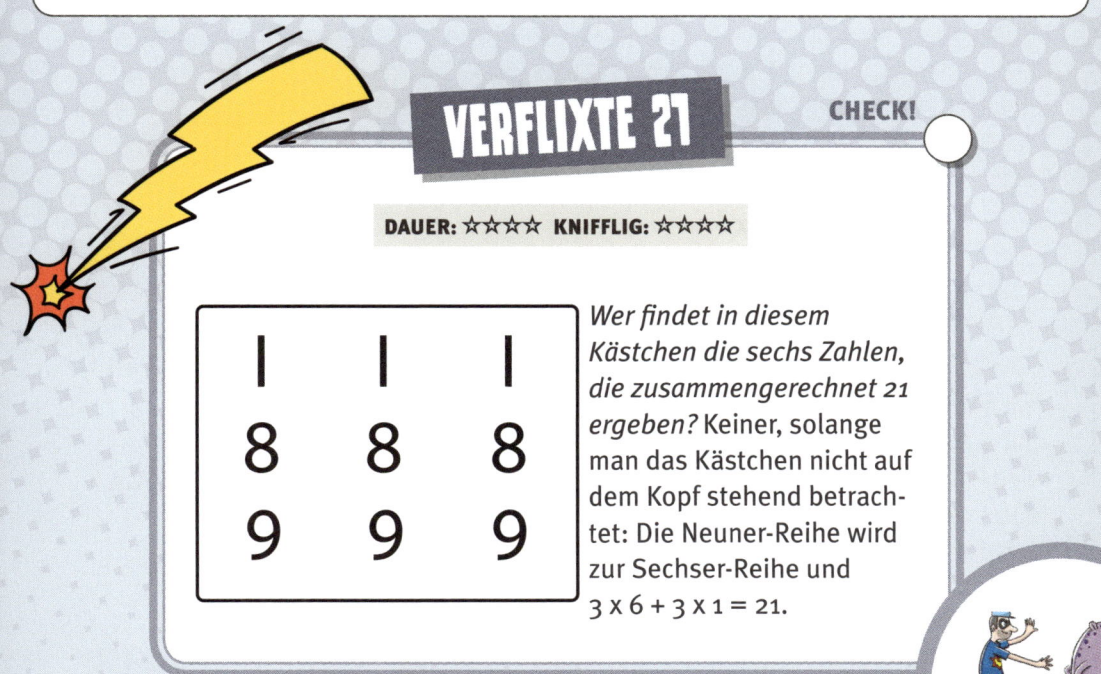

Wer findet in diesem Kästchen die sechs Zahlen, die zusammengerechnet 21 ergeben? Keiner, solange man das Kästchen nicht auf dem Kopf stehend betrachtet: Die Neuner-Reihe wird zur Sechser-Reihe und $3 \times 6 + 3 \times 1 = 21$.

CHECK!

AMOR TRIFFT TASCHENRECHNER

DAUER: ☆☆☆☆ **KNIFFLIG:** ☆☆☆

Glaubt es oder lasst es: Euer Taschenrechner ist bis über beide Ohren verknallt! Wer's nicht glaubt, tippt bitte die Zahl 38317 ein, dreht das Display auf den Kopf und lässt sich eines Besseren belehren. Weitere Wortbeispiele sind Esel (1353) oder Eis (513). Und mit Sicherheit finden die lieben Kleinen noch weitere Wörter, oder?!

CHECK!

TASCHENRECHNER-BLUES

DAUER: ☆☆ **AHA-EFFEKT:** ☆☆☆☆☆

Setze noch einen obendrauf: *Euer Taschenrechner hat Liebeskummer und kann nur noch an die eine Ziffer denken, die ihm so übel mitgespielt hat.* Tippt eine beliebige Zahl von 1 bis 9 ein. Multipliziert sie mit 9. Multipliziert dieses Ergebnis mit 12345679 (ohne die 8!). Heraus kommt? 9 x die von euch gewählte Zahl!

CHECK!

O WEH!

DAUER: ☆☆☆☆ **KNIFFLIG:** ☆☆☆

Mit dieser Frage wirst du deine Kinder eine Weile lang beschäftigen: *Wisst ihr, welche (ganze) Zahl – von Null angefangen – die erste ist, die ein O im Namen trägt?* Die Lösung: eine Million. Und nein, es heißt zwei, nicht zwo!

TRIVIAL, ABER GUT!

DAUER: ★☆☆☆ KNIFFLIG: ★★☆

Hier ein paar Zahlenspiele, die den Kleinen sicher Spaß machen:

- Wenn man alle Zahlen von 1 bis 100 addiert (1 + 2 + 3 ...) ergibt sich die Zahl 5050.
- 111111111 x 111111111 = 12345678987654321
- 12 + 3 - 4 + 5 + 67 + 8 + 9 = 100 – findet ihr noch eine andere Lösung?
- 1 x 8 + 1 = 9
  12 x 8 + 2 = 98
  123 x 8 + 3 = 987
  1234 x 8 + 4 = 9876
  12345 x 8 + 5 = 98765
  123456 x 8 + 6 = 987654
  1234567 x 8 + 7 = 9876543
  12345678 x 8 + 8 = 98765432
  123456789 x 8 + 9 = 987654321
- 1 x 142857 = 142857
  2 x 142857 = 285714
  3 x 142857 = 428571
  4 x 142857 = 571428
  5 x 142857 = 714285
  6 x 142857 = 857142
  7 x 142857 = 999999

GROSSE ZAHLEN UND IHRE NAMEN

DAUER: ★★★★★ **KNIFFLIG:** ★★★★

Nur keine Angst: Auch große Zahlen beißen nicht!

$1 = 10^0$ = Eins

$10 = 10^1$ = Zehn

$100 = 10^2$ = Hundert

$1.000 = 10^3$ = Tausend

$1.000.000 = 10^6$ = Million

$1.000.000.000 = 10^9$ = Milliarde

$1.000.000.000.000 = 10^{12}$ = Billion

$1.000.000.000.000.000 = 10^{15}$ = Billiarde

$1.000.000.000.000.000.000 = 10^{18}$ = Trillion

$1.000.000.000.000.000.000.000 = 10^{21}$ = Trilliarde

$1.000.000.000.000.000.000.000.000 = 10^{24}$ = Quadrillion

$1.000.000.000.000.000.000.000.000.000 = 10^{27}$ = Quadrilliarde

$1.000.000.000.000.000.000.000.000.000.000 = 10^{30}$ = Quintillion

$1.000.000.000.000.000.000.000.000.000.000.000 = 10^{33}$ = Quintilliarde

$1.000.000.000.000.000.000.000.000.000.000.000.000 = 10^{36}$ = Sextillion

$1.000.000.000.000.000.000.000.000.000.000.000.000.000 = 10^{39}$ = Sextilliarde

$1.000.000.000.000.000.000.000.000.000.000.000.000.000.000 = 10^{42}$ = Septillion

$1.000.000.000.000.000.000.000.000.000.000.000.000.000.000.000 = 10^{45}$ = Septilliarde

$1.000.000.000.000.000.000.000.000.000.000.000.000.000.000.000.000 = 10^{48}$ = Oktillion

$1.000.000.000.000.000.000.000.000.000.000.000.000.000.000.000.000.000 = 10^{51}$ = Oktilliarde

$1.000.000.000.000.000.000.000.000.000.000.000.000.000.000.000.000.000.000 = 10^{54}$ = Nonillion

1.000.000.000.000.000.000.000.000.000.000.000.000.000.000.000.000.00
0.000 = 10^{57} = Nonilliarde

1.000.000.000.000.000.000.000.000.000.000.000.000.000.000.000.000.00
0.000.000 = 10^{60} = Dezillion

10.000.000.000.000.000.000.000.000.000.000.000.000.000.000.000.000.0
00.000.000. 000.000.000.000.000.000.000.000.000.000.000 = 10^{100} =
Zehn Sexdezilliarden = Googol (ja, Google hat seinen Namen von dieser Zahl
abgeleitet...)

$10^{Googol} = 1^{(10^{100})}$ = Googolplex

Um diese Zahl auszuschreiben, gäbe es auf der ganzen Welt weder genügend
Papier, noch genügend Stifte! Und selbst wenn wir die Speicher- und Rechenka-
pazität aller Computer der ganzen Welt zusammenführen könnten, würde die
Rechenleistung (zumindest aktuell) noch nicht genügen, um eine einzige Zahl
im Googolplex-Bereich abzuspeichern.

ZAHLEN ÜBER ZAHLEN

CHECK!

DAUER: ★☆☆☆☆ **AHA-EFFEKT:** ★★☆

Wer von euch Kindern weiß was? Heiteres Zahlenraten, die Erste!
6 = So viele Beine haben Insekten. Und alle Tiere, die mehr oder weniger Beine
haben, sind keine Insekten.
46 = So viele Quadratmeter Wohnfläche stehen jedem Einwohner in Wohnungen
in Deutschland durchschnittlich zur Verfügung.
6 000 = So viele Dinge besitzt jeder Mensch im weltweiten Durchschnitt. Im
europäischen Durchschnitt sind es sogar 10.000 Dinge!
86.400 = So viele Sekunden hat ein Tag.
31.556.926 = So viele Sekunden hat ein Jahr.
7.470.000.000 = So viele Menschen leben in etwa auf unserem
Planeten (Stand 2016/2017).

CHECK!

REIFENSPUREN

DAUER: ☆ **AHA-EFFEKT:** ★★★

Schaut genau hin! Bewegen sich die hier gezeigten diagonalen Linien aufeinander zu? Scheint ganz so, aber nein, sie verlaufen exakt parallel.

CHECK!

KAMERAKLAPPEN

DAUER: ☆ **AHA-EFFEKT:** ★★★

Ähnliches Prinzip wie zuvor, aber noch verquerer: Die hier gezeigten Längslinien verlaufen exakt horizontal und parallel zueinander.

CHECK!

DAS BRETT VORM KOPF

DAUER: ☆ **AHA-EFFEKT:** ★★★

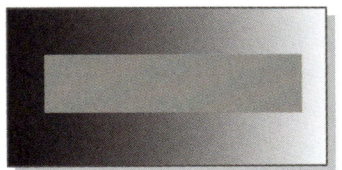

Machen wir kein großes Ding draus: Der hier gezeigte schmale Balken besitzt nur einen Grauton, ist also überall gleich hell. Ändert aber nichts daran, dass es uns so erscheint, als wäre er links heller als rechts, oder?

GROSS UND KLEIN

CHECK!

DAUER: ☆ **AHA-EFFEKT:** ☆☆☆

Pinke Kreise tanzen Ringelpiez um zwei blaue Kreise. Welcher der beiden blauen Kreise ist größer? Verblüffend: Beide sind gleichgroß! Wer seinen Augen (nicht) traut, darf gerne nachmessen.

WISSENSCHAFT, DIE WISSEN SCHAFFT

CHECK!

DAUER: ☆☆☆☆☆ **AHA-EFFEKT:** ☆☆☆

- Jede Minute schlagen rund 6.000 Blitze auf der Erde ein.
- Um dich davor in Sicherheit zu bringen, veranstalten deine Füße ein Zusammenspiel von jeweils 26 Knochen.
- Dafür haben die Ohren einer Katze jeweils 32 Muskeln.
- Das viele Ohrenbewegen scheint sie allerdings müde zu machen – Katzen schlafen knapp 16 Stunden pro Tag.
- Koalabären beeindruckt diese Zahl überhaupt nicht – sie schlafen nämlich rund 18 Stunden pro Tag.
- Wir Menschen wiederum können von derlei Schlafgewohnheiten zwar nur träumen, dafür kommen wir – wenn wir einen Tag lang alle unsere Wimpernschläge zusammenrechnen – immerhin noch mal auf rund 30 Minuten, in denen wir die Augen geschlossen halten.
- Bei näherer Betrachtung erweisen sich unsere Fingerabdrücke als einzigartig, klar. Unsere Zungenabdrücke aber auch!
- Der Giraffe soll's egal sein – ihre Zunge wird bis zu 50 cm lang.
- Pinguine haben weder eine lange Zunge, noch sind sie so groß wie Giraffen, dafür können sie bis zu zwei Meter hoch springen.
- Elefanten? Können leider absolut gar nicht springen ...
  Dieses Spielchen ließe sich noch endlos fortsetzen, aber wir sind ja nicht zum Spaß hier!

DISKOLICHTER

DAUER: ☆ **AHA-EFFEKT:** ☆☆☆

Lasst euren Blick über das hier gezeigte sogenannte Hermann-Gitter bzw. Hering-Gitter schweifen und erfreut euch an den vielen schwarzen Pünktchen, die überall aufflackern, sich aber nie optisch einfangen lassen.

GEGENLÄUFIGE KREISE

DAUER: ☆ **AHA-EFFEKT:** ☆☆☆

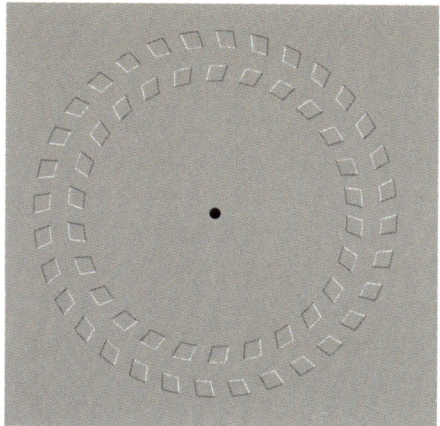

Fixiert den kleinen schwarzen Punkt und bewegt euren Kopf vor und zurück. Verrückt: Die beiden Kreise scheinen sich gegenläufig zu drehen!

UHH!

HYPNOSE-BRILLE

CHECK!

DAUER: ☆ **AHA-EFFEKT:** ☆☆☆

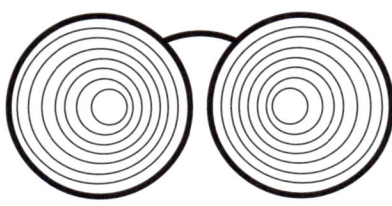

Dieses schlicht wirkende Brillenmodell hat's in sich: Einfach draufschauen und das Buch in kleinen Kreisen bewegen. Nicht zu schnell und nicht zu langsam, keine zu großen und keine zu kleinen Kreise – ihr werdet den Dreh rasch raushaben. Siehe da: Die Brillengläser beginnen, sich unaufhörlich und hypnotisch zu drehen!

FAHNEN-ZAUBER

CHECK!

DAUER: ☆☆☆ **AHA-EFFEKT:** ☆☆☆

Da werden die Kleinen Augen machen: Jedes Kind sucht sich eine der hier abgebildeten, merkwürdig kolorierten Flaggen aus und fixiert ihren Mittelpunkt 30 Sekunden lang, ohne den Blick abschweifen zu lassen. Damit das Experiment gelingt, muss diese Buchseite gut ausgeleuchtet sein. Außerdem sollte der Abstand zwischen der Seite und den Augen nur rund 20 cm betragen, was bedeutet: Köpfe zusammenstecken oder abwechselnd reinschauen. Nach den 30 Sekunden legt ihr ein leeres, weißes Blatt über die Buchseite und schwupp, erscheint darauf eine korrekt kolorierte Nationalflagge. Könnt ihr alle Flaggen richtig zuordnen?

RÄUMLICHE WAHRNEHMUNG

DAUER: ★★☆ **AHA-EFFEKT:** ★★☆

Bitte dein Kind, sich mit einer Hand ein Auge zuzuhalten. Ein paar Meter entfernt platzierst du auf Augenhöhe einen kleinen Gegenstand (z. B. einen Lippenstift, einen Bauklotz, eine Streichholzschachtel o. Ä.). Jetzt lass dein Kind mit ausgestrecktem Arm so weit darauf zugehen, bis es das Gefühl hat, ihn mit den Fingern umschnipsen zu können. Wetten, dass die Finger ins Leere schnipsen? Die Erklärung ist einfach: Mit nur einem Auge ist es für uns Menschen viel schwerer, optische Entfernungen abzuschätzen.

UNENDLICHES GRUSELKABINETT

ZAP!

DAUER: ★★★☆ **AHA-EFFEKT:** ★★☆

Mit Spiegeln lassen sich großartige Dinge veranstalten – der scheinbare Blick in die Unendlichkeit zum Beispiel. Dafür lass deine Kinder zwei handliche Spiegel (z. B. Taschenspiegel oder Spiegelkacheln) nehmen, stellt sie im 90°-Winkel zueinander auf und legt beispielsweise das aktuelle Lieblingsspielzeug dazwischen. Glotz – da lässt es sich gleich dutzendfach im Spiegel bewundern! Auch schön: Stellt einen Spiegel auf große Gesichter in Zeitschriften und prüft sie auf Symmetrie. Oder prüft euer eigenes Gesicht auf Symmetrie, indem ihr euch einen kleinen Spiegel vors Gesicht haltet und das Ergebnis in einem großen Wandspiegel betrachtet. Indem ihr den Spiegel ein bisschen hin und her dreht und ein paar Grimassen dazu macht, befindet ihr euch plötzlich inmitten eures eigenen Gruselkabinetts! *Erschrecken gilt nicht!*

DER TRAUM VOM FLIEGEN

CHECK!

DAUER: ★★★★★ **AHA-EFFEKT:** ★★★

Du kannst dich mal wieder nicht entscheiden. Und deinen Kindern wird die Wartezeit im Schuhgeschäft oder in der Modeboutique mal wieder einfach zu lang. Lass sie nach den richtigen Spiegeln für die Ausübung von Klamauk im großen Stil suchen. Ein Klassiker, mit dem wir früher in den Umkleidekabinen unseres örtlichen Schwimmbads Spaß ohne Ende hatten, ist der fliegende Mann bzw. die fliegende Frau: Halb verdeckt hinter der Spiegelkante stehend, hebt man einen Arm und ein Bein und erweckt damit den Anschein, vom Boden abzuheben. Jetzt noch gekonnt auf- und abschwingen, schon gleitet das Vögelchen durch die Luft. Das Gekicher und Gegacker der Kids könnte allerdings die anderen Käufer ein bisschen stören ... oder sie machen einfach mit!

KUNSTBANAUSE

CHECK!

DAUER: ★★★ **AHA-EFFEKT:** ★★★★★

Stelle deinen Zeichen-Primus mit Zettel und Stift vor einen Spiegel und gib ihm eine einfache Aufgabe. Lass ihn zum Beispiel die Umrisslinien von einem Auto oder einem Haus malen. Dabei darf er allerdings nicht auf sein eigentliches Blatt schauen, sondern nur auf das im Spiegel. Damit er nicht schummeln kann, kannst du ihm als Sichtschutz ein zweites Blatt unters Kinn halten. Ihr werdet sehen, mehr als hochabstrakte Krakelkunst wird er zu seinem eigenen Erstaunen kaum zu Papier bringen.

CHECK!

KRÄFTEMESSEN I

DAUER: ☆☆ **AHA-EFFEKT:** ☆☆☆☆☆

Schlag zwei Bücher zueinander zeigend auf und verschränke die Seiten auf halber Breite wie hier gezeigt ineinander. Geht ähnlich wie das Mischen eines Kartenspiels, nur leider nicht so schnell. Fertig? Dann überreiche jetzt bitte den wieder zugeklappten Buchpacken der stärksten Person in der Runde und bitte sie, die beiden Bücher gerade auseinanderzuziehen. Keine, ich wiederhole, KEINE Chance! Nur über Schieben und Rütteln lässt sich euer literarisches Konglomerat wieder auseinanderdividieren.

CHECK!

KRÄFTEMESSEN II

BAM!

DAUER: ☆☆☆ **AHA-EFFEKT:** ☆☆☆☆☆

Knote eine rund zwei Meter lange Schnur (Paketschnur) mittig um ein schweres Buch und gib der (von dem vorherigen Versuch wahrscheinlich immer noch gefrusteten) stärksten Person eurer Runde eine zweite Chance. Dieses Mal ist nichts weiter zu tun, als die Schnur an beiden Enden festzuhalten und komplett gerade zu ziehen. Also los: *gnnnnr* – und wieder nichts ... Falls es Trost spendet: Eher würde die Schnur zerreißen, als dass die Aufgabe gelingt.

NERD-FAKTOR

SALTO MORTALE

CHECK!

DAUER: ☆☆ **ÜBUNGSSACHE:** ☆☆☆

Lege ein Buch wie hier gezeigt fast bis zur Hälfte über die Tischkante. Dann schlage von unten (ohne große Ausholbewegung) mit der flachen Hand dagegen, sodass das Buch eine halbe Drehung macht und du es in einer fließenden Bewegung mit derselben Hand wieder auffangen kannst. *Wow! Das sieht ja cool aus!* Was die Kids aber nicht wissen, ist, was das Ganze so „mortale" macht. Denn bei den anfänglichen Fehlversuchen ist es gewissermaßen vorprogrammiert, dass das Buch einmal quer über den Tisch geschleudert wird und alles abräumt, was im Weg steht ...

BIERDECKEL-FLIPPEN

CHECK!

DAUER: ☆☆☆☆☆ **ÜBUNGSSACHE:** ☆☆☆

Gaststättenbesuche können für Kinder qualvoll lang sein. Wenn der „Wir-bauen-jetzt-mal-ein-Kartenhaus-aus-Bierdeckeln"-Zeitvertreib schon abgehakt ist und die Kinder immer noch Sitzfleisch beweisen sollen, hilft vielleicht eine Runde Bierdeckel-Flippen?! Im Prinzip dasselbe wie der Salto mortale der vorangegangenen Übung, nur mit 1, 2, 3, 4 usw. Bierdeckeln anstelle des Buchs. Wer schafft es, den Stapel mit den meisten Bierdeckeln zu flippen und komplett wieder aufzufangen? Dieses Spielchen hat mir als Kind ein ums andere Mal den Abend versüßt und lästige Wartezeiten beim Kegeln überbrückt.

185

CHECK!

KNOTENKUNST – BEIDHÄNDIG

DAUER: ✩✩✩ **KNIFFLIG:** ✩✩✩

Überreiche deinen Kindern ein rund ein Meter langes Stück Schnur mit der Aufgabe, damit einen einfachen Überhandknoten (das ist der anfängliche Knoten zum Binden einer Schleife) zu machen. Die Sache hat natürlich einen winzigen Haken: Die Schnur darf nur mit Daumen und Zeigefinger angefasst und die Finger dürfen während des Knotens nicht von der Schnur genommen werden. Ganz easy?? Nein? Ja? Macht nichts! So geht's: Die Arme wie hier gezeigt vor der Brust verschränken, mit jeder Hand ein Schnurende greifen (was schon das Schwierigste an der ganzen Sache ist) und die Arme wieder auseinanderziehen. Ratsch, Knoten drin!

CHECK!

KNOTENKUNST – EINHÄNDIG

DAUER: ✩✩✩ **KNIFFLIG:** ✩✩✩✩

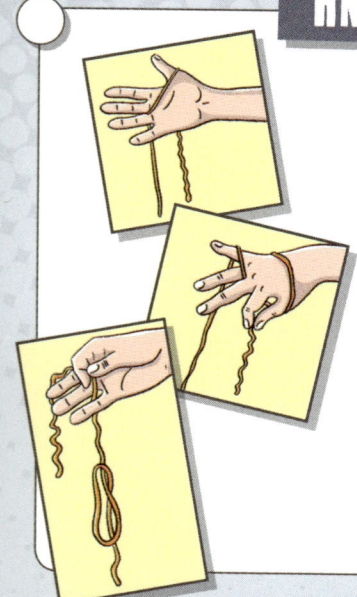

Zweite Herausforderung für die lieben Kleinen. Stell deine Kinder vor die folgende Aufgabe: Sicherlich könnt ihr in die Schnur von vorhin auch mit nur einer Hand einen einfachen Überhandknoten machen, oder? Sehr gut! Falls ihr noch eine etwas lässigere Variante ausprobieren wollt, hängt euch die Schnur wie hier gezeigt über die Hand, greift dann mit Daumen und Zeigefinger das hinter eurem Handrücken verlaufende Schnurende, haltet es fest und schüttelt die über den Handrücken laufende Schnur von eurer Hand. Fertig!

MORSEZEICHEN

DAUER: ★★★★★ **ÜBUNGSSACHE:** ★★★

Mithilfe von Morsezeichen lassen sich Buchstaben, Zahlen und mehr zum Beispiel als Ton- oder Funksignal übermitteln. Das Signal besteht nur aus drei Symbolen, nämlich einem kurzen Signal (dargestellt als Punkt und gesprochen als dit), einem langen Signal (dargestellt als Strich und gesprochen als dah) und einer Pause (dargestellt als Leerzeichen und „gesprochen" in Form von Schweigen). Unterschiedliche Buchstaben und Ziffern sind mit unterschiedlichen Abfolgen von kurzen und langen Signalen codiert, zwischen den Wörtern kommt jeweils die Pause. Die meisten Leute kennen wohl so gerade noch die Morsezeichen des SOS-Notsignals, nämlich drei kurz, drei lang, drei kurz bzw. ···−−−···, gesprochen ditditdit dahdahdah ditditdit. Aber Hand aufs Herz, wer kennt darüber hinaus noch weitere Morsecodes? Aus Nerd-technischer Sicht sollte man zumindest seinen eigenen Vornamen morsen können. Hier die Codetabelle dafür:

A	·−	L	·−··	W	·−−
B	−···	M	−−	X	−··−
C	−·−·	N	−·	Y	−·−−
D	−··	O	−−−	Z	−−··
E	·	P	·−−·	Ä	·−·−
F	··−·	Q	−−·−	Ö	−−−·
G	−−·	R	·−·	Ü	··−−
H	····	S	···		
I	··	T	−		
J	·−−−	U	··−		
K	−·−	V	···−		

CHECK!

SCHERZFRAGEN

DAUER: ☆☆☆☆☆ **MIT VIELEN KINDERN:** ☆☆☆☆☆

Wir beginnen logisch und driften dann ab ins Fantasievolle.

- Welcher Baum hat keine Äste, Blätter und Wurzeln?
  Der Purzelbaum.
- Was hat keine Füße und läuft trotzdem?
  Die Nase.
- Welcher Stuhl bewegt sich auf und ab?
  Der Fahrstuhl.
- Welche Brille trägt man nicht auf der Nase?
  Die Klobrille.
- Welche Tomaten tun weh beim Essen?
  Die Automaten.
- Welcher Peter macht den größten Krach?
  Der Trompeter.
- Wo kommt Silvester vor Weihnachten?
  Im Wörterbuch.
- Was ist schwarz, rot und gold und fliegt in der Luft rum?
  Ein Marienkäfer mit Goldzahn.
- Was liegt am Strand und redet undeutlich?
  Eine Nuschel. (Mein Favorit!)

Eine schöne Beschäftigung auch für lange Autofahrten!
Und vielleicht fallen deinen Kindern ja selbst noch mehr
clevere Fragen ein?

Oops!

WOW!

SCHNELLRATERUNDE

DAUER: ★☆☆☆☆ **AHA-EFFEKT:** ★★☆☆

Sucht man schnell nach einer Lösung, wird man gedanklich oft in die falsche Richtung gelenkt, obwohl die Antwort häufig recht einfach ist. Viel Spaß!

- Ein Zweibein sitzt auf einem Dreibein und isst ein Einbein. Da kommt ein Vierbein und nimmt dem Zweibein das Einbein weg. Das Zweibein lässt es gut sein und begnügt sich mit dem Dreibein. Was ist was? *Das Einbein ist ein Hühnerschenkel, das Zweibein ein Mensch, das Dreibein ein Hocker und das Vierbein ein Hund.*

- Wie aus der Pistole geschossen antworten: Welche Farbe hat ein Blatt Papier? *Weiß.* Welche Farbe haben Wolken? *Weiß.* Was trinkt die Kuh? *Milch. Äh, nein. Wasser.*

- Du nimmst an einem 10.000-Meter-Lauf bei den Olympischen Spielen teil. Im Zieleinlauf überholst du noch den Zweitplatzierten. Welchen Platz erreichst du? *Den Zweiten.*

- Wenn drei Leute drei Äpfel in drei Minuten essen können, wie lange dauert es dann, bis 100 Leute 100 Äpfel essen? *Drei Minuten.*

- Ein Baumstamm wird mit 10 Schnitten in Stücke zu je 20 cm Länge zersägt. Wie lang war der Stamm? *220 cm.*

- Du hast eine Tüte mit fünf Lutschern, und fünf Freunde kommen zu Besuch. Wie kannst du jedem deiner Freunde einen Lutscher geben, sodass am Ende noch ein Lutscher in der Tüte bleibt? *Dem Letzten überreichst du seinen Lutscher mitsamt der Tüte.*

- Vor dir fährt die Polizei, hinter dir eine Kutsche, rechts von dir eine Eisenbahn und links von dir ein Flugzeug. Wo befindest du dich? *In einem Kinderkarussell.*

- Du parkst deinen Wagen vor einem Hotel und weißt genau in diesem Moment, dass du bankrott bist. Warum? *Du spielst gerade Monopoly.*

- Du bist ein erfahrener Busfahrer. Eine Tageskarte kostet 1 Euro, eine Einzelfahrkarte 50 Cent. Ein Mann steigt ein, überreicht dir wortlos und ohne sonstige Verständigung 1 Euro und bekommt dafür von dir eine Tageskarte ausgehändigt. Woher wusstest du, dass der Mann eine Tageskarte und keine Einzelfahrkarte wollte? *Der Mann hat mit Kleingeld bezahlt, mit dem er die 50 Cent für eine Einzelfahrkarte auch passend hätte zahlen können.*

RÄTSELGESCHICHTEN

DAUER: ★★★★★ **KNIFFLIG:** ★★★★★

Es existieren Hunderte dieser Geschichten, bei denen du in knappen Worten eine (häufig schaurige) Situation beschreibst und deine Kinder über geschickte Fragestellungen herausfinden müssen, was sich zugetragen hat. Ihre Fragen darfst du nur mit *Ja*, *Nein* oder *Egal* bzw. *Spielt keine Rolle* beantworten. Plane genügend Zeit ein, es kann mitunter ewig dauern, bis die Lösung gefunden ist!

- Klara steht hinter Fridolin und Fridolin steht hinter Klara. Wie kann das gehen?
  Lösung: Die beiden stehen Rücken an Rücken.
- Ein Bauer steht lange auf dem Feld. Plötzlich verschwindet er. Was ist passiert?
  Lösung: Es handelt sich um den Bauern auf einem Schachbrett, der entweder von seinem Startfeld wegbewegt oder von einer anderen Figur geschlagen wird.
- Eine junge Frau verschwindet mit einem älteren Mann am Arm in einem Gebäude. Kurze Zeit später kommt sie wieder heraus, Arm in Arm mit einem jüngeren Mann. Welche Farbe hat ihr Kleid?
  Lösung: Das Kleid ist weiß, weil sie soeben kirchlich geheiratet hat. Mit ihrem Vater ging sie in die Kirche hinein und mit ihrem Bräutigam kam sie wieder heraus.
- Ein Mann erfährt von seinem Lottogewinn und weint. Warum?
  Lösung: Er hört die Lottoziehung im Fernseher nebenan, während er in der Küche steht und Zwiebeln schneidet.
- Ein Mann rasiert sich kurz vor Sonnenuntergang. Beim nächsten Sonnenaufgang hat er einen Vollbart. Wie geht das?
  Lösung: Der Mann wohnt oberhalb des nördlichen Polarkreises und es ist Winter, was bedeutet, dass die Sonne dort mehrere Wochen lang nicht scheint. Ausreichend Zeit also, sich einen Vollbart wachsen zu lassen.
- Ein Mann kommt in eine Bibliothek, nimmt ein Buch aus dem Regal, blättert darin herum und findet dabei einen 10-Euro-Schein zwischen den Seiten. Daraufhin wird er ganz traurig. Warum?
  Lösung: Der Mann ist ein von Selbstzweifeln geplagter Schriftsteller, der den Geldschein bereits vor Monaten in sein eigenes Buch getan hat, um herauszufinden, ob überhaupt irgendjemand sein Buch liest. Scheinbar nicht.

- Ein Taucher in kompletter Taucherausrüstung liegt tot in einem abgebrannten Wald. Was ist passiert?
  Lösung: Um den Waldbrand zu löschen, hat ein Löschflugzeug aus einem nahegelegenen See Löschwasser – und unwissentlich auch den Taucher – aufgenommen und über dem Feuer abgeworfen!
- Romeo und Julia liegen – in einer Wasserlache und umringt von Scherben – tot auf dem Boden eines Raums, dessen Fenster offen steht. Was ist passiert?
  Lösung: Romeo und Julia sind zwei Goldfische. Ein starker Windstoß hat das Fenster aufgerissen, dabei hat das Fenster wiederum das Goldfischglas von der Fensterbank gerissen. Das Glas ist auf dem Boden zerbrochen, und die Goldfische sind erstickt.
- Mitten in der Wüste liegt ein toter Mann. Er ist nackt und hat ein abgebrochenes Streichholz in der Hand. Was ist passiert?
  Lösung: Bei der Wüstenüberquerung eines Ballons mit drei Personen an Bord traten technische Probleme auf, und der Ballon drohte abzustürzen. Um an Höhe zu gewinnen, warfen die Personen sämtlichen Ballast ab, inklusive ihrer Klamotten. Als klar wurde, dass das noch nicht ausreicht, beschlossen sie, dass einer abspringen muss, um die anderen zu retten. Und derjenige von ihnen, der das kürzeste Streichholz zog, war der Unglücksrabe.
- Ein Mann stirbt im Spätsommer, aber seine Leiche wird erst im Winter entdeckt, obwohl die ganze Zeit über Menschen in seiner Nähe waren. Warum?
  Lösung: Der Mann war ein Dieb, der sich über den Kaminschacht Zugang zu einem Haus verschaffen wollte, dabei jedoch stecken geblieben und verhungert ist. Der Verwesungsgeruch ist nach oben entwichen. Im Winter, als die Familie den Kamin das erste Mal befeuert hat, kam es zu einem Rückstau des Qualms, und sie fanden den Dieb.
- Ein Taucher in kompletter Taucherausrüstung liegt tot in einem abgebrannten Wald. Was ist passiert?
  Lösung: Um den Waldbrand zu löschen, hat ein Löschflugzeug aus einem nahegelegenen See Löschwasser – und unwissentlich auch den Taucher – aufgenommen und über dem Feuer abgeworfen!

Buchempfehlungen für dich

TOPP 4278
ISBN 978-3-7724-4278-0

TOPP 4341
ISBN 978-3-7724-4341-1

TOPP 7721
ISBN 978-3-7724-7721-8

TOPP 7736-2
ISBN 978-3-7724-7736-2

TOPP 7794
ISBN 978-3-7724-7794-2

TOPP 7563
ISBN 978-3-7724-7563-4

TOPP 7615
ISBN 978-3-7724-7615-0

TOPP 7728
ISBN 978-3-7724-7728-7

TOPP 8006
ISBN 978-3-7724-8006-5

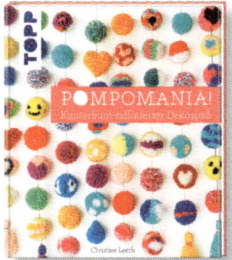

TOPP 7744
ISBN 978-3-7724-7744-7

Kreativ-Bücher findest du auf www.TOPP-kreativ.de

Weitere Ideen zum Selbermachen gesucht?

Lieblingsstücke von einfach bis einfach genial finden Sie bei TOPP! Lassen Sie sich auf unserer Verlagswebsite, per Newsletter oder in den sozialen Netzwerken von unserer Vielfalt inspirieren!

Website
Verlockend: Welcher Kreativratgeber soll es für Sie sein? Schauen Sie doch auf **www.TOPP-kreativ.de** vorbei & stöbern Sie durch die neusten Hits der Saison!

TOPP-Autoren
Sie wollen wissen, wer die „Macher" unserer Bücher sind? Wer Ihnen nützliche Tipps &Tricks gibt? Auf **www.TOPP-kreativ.de/Autor** warten jede Menge spannender Infos zum jeweiligen Autor auf Sie. Finden Sie heraus, welches Gesicht hinter Ihrem Lieblingsbuch steckt!

Facebook
Werden Sie Teil unserer Community & erhalten Sie brandaktuelle Informationen rund ums Handarbeiten auf **www.Facebook.com/Mitstrickzentrale** Wer sich für Basteln, Bauen, Verzieren & Dekorieren interessiert, ist auf **www.Facebook.com/Bastelzentrale** genau richtig!

Pinterest
Sie sind auf der Jagd nach den neusten Trends? Sie suchen die besten Kniffe? Die schönsten DIY-Ideen? All' das & noch vieles mehr gibt es von TOPP auf **www.Pinterest.com/Frechverlag**

Newsletter
Bunt, fröhlich & überraschend: Das ist der TOPP-Newsletter! Melden Sie sich unter: **www.TOPP-kreativ.de/Newsletter** an & wir halten Sie regelmäßig mit Tipps & Inspirationen über Ihr Lieblings hobby auf dem Laufenden!

Extras zum Download in der Digitalen Bibliothek
Viele unserer Bücher enthalten digitale Extras: Tutorial-Videos, Vorlagen zum Downloaden, Printables & vieles mehr. Dieses Buch auch? Dann schauen Sie im Impressum des Buches nach. Sofern ein Freischaltcode dort abgebildet ist, geben Sie diesen unter **www.TOPP-kreativ.de/DigiBib** ein. Nach erfolgreicher Registrierung erhalten Sie Zugang zur digitalen Bibliothek & können sofort loslegen.

YouTube
Sie wollen eine ganz neue Technik ausprobieren? Sie arbeiten an einem spannenden Projekt, aber wissen nicht weiter? Unsere Tutorials, Werbetrailer, Interviews & Making Of's auf **www.YouTube.com/Frechverlag** helfen Ihnen garantiert dabei, den passenden Ratgeber von TOPP zu finden.

Instagram
Sie sind auf Instagram unterwegs? Super, TOPP auch. Folgen Sie uns! Sie finden uns auf **www.Instagram.com/Frechverlag** Möchten Sie uns an Ihrem Lieblingsprojekt teilhaben lassen? Am besten posten Sie gleich ein Foto mit dem Hashtag **#frechverlag** & wir stellen Ihr Werk gerne unserer Community vor – yeah!

Alles in einer Hand gibt's hier:

Kreativ-Bücher findest du auf www.TOPP-kreativ.de

DER AUTOR

Thade Precht lebt und arbeitet als freischaffender Produktdesigner, Grafikdesigner und Kreativbuchautor in Berlin. Mit seinem Büro Thade Precht Playful Design, kurz TPPD, widmet er sich vorzugsweise spielerischen Themenfeldern. In seiner Freizeit verwandelt er sich am liebsten für seine Kinder in einen Superhelden, der mit ihnen gemeinsam die Welt entdeckt – dabei kann er herrlich seinen inneren Spieltrieb ausleben!

DIE ILLUSTRATORIN

Isabel Große Holtforth, geboren 1975 in Wesel, arbeitet als freiberufliche Illustratorin und Art-Directorin für Verlage, Magazine und Werbeagenturen. Sie lebt mit ihrer Familie in der Nähe von München und studierte an der Hochschule für Künste Bremen sowie an der Hochschule für Angewandte Künste in Prag. Isabel Große Holtforth illustriert unter anderem Kinder- und Jugendliteratur sowie Belletristik, wofür sie bereits ausgezeichnet wurde.

Impressum

ILLUSTRATIONEN: Isabel Große Holtforth
FOTOS: Fotolia/brovkoserhii (Verpixelung der Tipp-Texte)
PRODUKTMANAGEMENT: Katrin Hartmann, Stephanie Iber
LEKTORAT: Claudia Lötschert, Neuss
COVER- UND LAYOUTGESTALTUNG: Claudia Adam
SATZ: FSM Premedia, Münster
HERSTELLUNG: Katrin Röhlig
DRUCK UND BINDUNG: GPS Group GmbH, Österreich

1. Auflage 2017

© 2017 frechverlag GmbH, Turbinenstraße 7, 70499 Stuttgart

ISBN 978-3-7724-7783-6 • Best.-Nr. 7783